SANKT MÄRGEN

Eine Spurensuche | Zehn Begegnungen

Verlag der DesignConcepts GmbH

ISBN 3-9807059-3-5
1. Ausgabe 2004

Verlag der DesignConcepts GmbH, St. Märgen

INHALT

St. Märgen – Ein Ort mit Geschichte

„Sculptor egregius“ – Ein hervorragender Bildhauer

Maler und Dokumentarist

Der „Schnee-Biese“

Der Feldbergmaler

Gebrauchsgrafiker, Illustrator, Landschaftsmaler

Die malende Dichterin

Holzbildhauerin

Dogmatiker, Priester, Wissenschaftler und Seelsorger

Epochaler Genius – Philosoph aus Berufung

„Ein gelassener Sysiphos“

Zwei Werktätige im Gespräch

„Eure Bitte gerne gewährend,
empfangen wir euch und euer Gotteshaus hiermit
in den unmittelbaren Schutz und Schirm
des apostolischen Stuhles.“

PAPST HONORIUS II. | 1125

ST. MÄRGEN

Ein Ort mit Geschichte

St. Märgen im Schwarzwald. Ein Ort beschaulichen Naturerlebens, Luftkurort, beliebter Ausgangspunkt für Wanderer und bis in die Gegenwart ein Ziel christlicher Wallfahrer; den zahlreichen Besuchern allerdings weit weniger bekannt als ein Refugium großer Künstler, Philosophen und Schriftsteller. Als um 1118 hier auf den Höhen und in der Abgeschiedenheit des *Silva nigra* ein Kloster gegründet wird, beginnt die Geschichte St. Märgens; eine bewegte Geschichte, in der bis in die Neuzeit machtpolitische Auseinandersetzungen, Intrigen, Vertreibung und Zerstörung das Bild bestimmen. Erst im 18. Jahrhundert ist es Kloster und Ortschaft vergönnt, eine kurze Blütezeit als Wallfahrtsort zu erleben: Die ein wundertätiges Gnadenbild beherbergende barocke Klosterkirche und die Kapelle des

Hl. Judas Thaddäus auf dem Ohmenberg führen Ströme von Pilgern in das entlegene St. Märgen, deren Vielzahl und Größe auch im frommen 18. Jh. die Chronisten erstaunte.

Nach der Säkularisation begegnen wir neben den Pilgern einem ganz neuen Typus von Gast in St. Märgen. Das durch den technischen Fortschritt und soziale Umwälzungen begünstigte Phänomen des Fremdenverkehrs führt Bildungsreisende und Kurgäste aus den deutschen Metropolen sowie aus Frankreich, England und selbst Nordamerika in den Klosterort. Neben den großbürgerlichen Sommerfrischlern interessieren sich ab 1900 auch auffällig viele Künstler und Intellektuelle, die fast ausnahmslos aus einem urbanen Umfeld stammen, für das damals nur mit beträchtlichen Aufwand zu erreichende kleine Dorf im Hochschwarzwald.

Dieses Buch hat einige ausgesuchte Persönlichkeiten und ihre Beziehungen zu St. Märgen in seinen Mittelpunkt gesetzt. Es folgt den Spuren von Künstlern und Gelehrten, deren Lebenswege sich hier kreuzten, die uns Zeugnisse ihrer besonderen Zuneigung zu diesem Ort hinterlassen haben.

J. v. Hauber: Ansicht St. Märgens „... von der Westseite“ | 1835

Nur wenig von der mittelalterlichen Abtei hat die wechselvolle Geschichte überdauert. Das Fensterfragment ist das letzte Zeugnis einer gotischen Klosterkirche, das 1986 bei Renovierungsarbeiten entdeckt wurde.

Geschichte eines Ortes der Gegensätzlichkeit

„*St. Märgen bei Freiburg …*" Dies ist nicht nur eine Ortsangabe, sondern auch Ausdruck der alten Gegensätzlichkeit zwischen Stadt und Land. – Ein Gegensatz, der in den Gründungstagen des Klosters St. Märgen um das Jahr 1118 noch nicht existiert. Die wenigen bereits bestehenden Städte haben noch kein politische Gewicht, das Handwerk und der Handel sind noch unterentwickelt. So befindet sich auch das von den Zähringern 1120 gegründete Freiburg noch in unmittelbarer Abhängigkeit zu einem mächtigen Lehnsherren, der seinem Oppidum keine Eigenmächtigkeiten gestattet.

Das hochmittelalterliche Leben zu der Zeit, als in der Einöde am Rande der alten Handelsstraße zwischen dem Dreisamtal und der Hochebene der Baar St. Märgen gegründet wird, muss man sich also noch ländlich vorstellen: Von Adelssitzen oder Königshöfen aus herrschen Grundherren über bäuerliche Untertanen, die sich unter dem Druck der Abgaben einzig der Urbarmachung von Land und der Kultivierung ihrer Äcker widmen. In dieser Feudalgesellschaft hatte eine Klostergründung wie die des einflussreichen Geistlichen Domprobst Bruno von Straßburg politische Relevanz. Ein Kloster war nicht nur ein Ort des Bibelstudiums und des Gebets. Begünstigt durch den Schutz, der kirchlichem Eigentum zustand, konnte ein Klostergut, das Einnahmen aus Kirchenzehnt und Lehensgütern bezog, sich zu einem wirtschaftlich florierenden Unternehmen und damit auch zu einem gewichtigen politischen Machtfaktor entwickeln. Das überaus diplomatische Auftreten des neuen Konvents gegenüber dem unmittelbar benachbarten Kloster St. Peter, das das mächtige Zähringergeschlecht zu seiner Grablege bestimmt hatte, wird vor diesem Hintergrund verständlich. Zunächst sieht es so aus, als ob es Bruno gelänge, den Fortbestand seiner Neugründung dauerhaft zu sichern: Mit St. Peter einigt man sich in gegenseitigem Einvernehmen auf genaue Grenzen der Besitztümer. Bischof Richwin

von Toul entsendet Konventbrüder, die allerdings nach der ersten Krise des Klosters wieder nach Toul zurückkehren. Sie hinterlassen als einziges erhaltenes Kunstwerk dieser Zeit das romanische Gnadenbild, das dem Kloster den Namen gibt: *Cella Sanctae Mariae.* Neben dem noch im 18. Jh. gebräuchlichen Namen Marienzell entwickeln sich deutschsprachige Varianten: St. Märijen, St. Meryen, St. Mergen, – und schließlich St. Märgen.

Nach dieser Episode schickt Bischof Ulrich von Konstanz neue Augustinerchorherren, darunter den zweiten Abt von St. Märgen, Otto. Dieser bemüht sich um päpstliche Anerkennung des Klosters. In einer Urkunde aus dem Jahr 1125 unterstellt Papst Honorius II. St. Märgen direkt dem Schutz des apostolischen Stuhles. Diese gönnerhafte Geste bietet dem Kloster allerdings keinen Schutz, als ab dem Jahr 1319 das Geschlecht der Schnewelins das Amt des klösterlichen Schirmvogts bekleidet. In perfider Ausnutzung ihres Amtes, das eigentlich dazu bestimmt ist, die wirtschaftlichen Interessen des Klosters zu vertreten, versuchen sie durch gewaltsame Einschüchterung von den Privilegien des schutzbefohlenen Klosters zu profitieren. 1320 werden die Mönche gar aus dem Kloster vertrieben und können erst nach zwei Jahren wieder zurückkehren. Die Vertreibung ist Auftakt zu einem jahrzehntelangen Konflikt, der sich auch durch die

Das romanische Gnadenbild der Mönche aus Toul begründete die Wallfahrtstradition in St. Märgen. Die archaische Strenge wurde in barocken Zeiten durch eine goldbrokatene Bekleidung abgemildert.

Anrufung von Gericht und Papst nicht beilegen lässt. Im Jahr 1345 ist Johannes Schnewelin dreist genug, Abt Konrad und drei andere Chorherren für einige Monate in den Turm der Burg Wiesneck zu werfen. Solcher Schikanen nicht genug, wird der renitente Abt 1355 bei Ebnet von Schnewelin einfach ermordet.

Diese Scherereien und der dadurch bedingte wirtschaftliche Niedergang des Klosters führen 1370 zu einer Union mit dem Kloster Allerheiligen in Freiburg. Ein Schritt, der das Klosterleben nicht beruhigt. Die inneren Spannungen im vereinigten Konvent entladen sich 1385 höchst unchristlich in einem Mordanschlag, dem Abt Berthold Schultheiß von Hüfingen zum Opfer fällt.

Neben dem Druck von außen beschleunigt auch geschäftliches Missgeschick den Niedergang im Spätmittelalter. 1462 schließt das Kloster einen unüberlegten Kaufvertrag mit der Stadt Freiburg ab, bei dem das gesamte Gründungsgut außer der Kirche und dazugehörigem Zehnt veräußert wird.

Der niedrige Kaufpreis wird nur zum Teil ausbezahlt, über die vereinbarte Entschuldung des Klosters erbringt die Stadt keinen Nachweis. Darüber hinaus reißt man den ganzen Archivbestand von Urkunden an sich und behält überdies wichtige Dokumente, die den Kaufvertrag gar nicht betreffen. Nach dieser bedauerlichen Transaktion zieht der Konvent nach Allerheiligen, die Klostergebäude in St. Märgen verwaisen. Auch als 1490 durch Vermittlung der Zünfte der Kaufvertrag annulliert wird, halten die Freiburger ihre Ansprüche weiterhin aufrecht.

Die Geschichte des Klosters in St. Märgen scheint damit eigentlich besiegelt zu sein – aber: Die Sehnsucht nach einer Rückkehr zum Gründungssort hielt sich über Jahrhunderte. Als 1699 der St. Märgener Meierhof wieder zurückerworben wird, bietet sich eine ökonomische Basis für einen Neuanfang an der Gründungsstätte. An diesem Bestreben wird selbst nach der Zerstörung der Kirche 1704 durch französische Söldner, die während des Spanischen Erbfolgekriegs durch den Schwarzwald

Eine Urkunde aus dem Jahr 1462 dokumentiert die Kaufvereinbarung zwischen Abt Johannes Fähr und der Stadt Freiburg. Demnach wird die gesamte ökonomische Grundlage des Klosters, (ca. 1000 ha Wald, 80 Bauernhöfe und ca. 90 Erblehen) für 4800 Gulden veräußert. – Eine faktische Auflösung des Klosters.

marodieren, entschlossen festgehalten. 1715 nimmt Probst Andreas Dilger das ehrgeizige Projekt eines Neubaus von Kloster und Kirche in Angriff. Schon acht Jahre später wird das wundertätige Gnadenbild unter der Teilnahme *von etlich tausend Personen, zu größtem Trost unserer Pfarrkinder und aller Benachbarten* feierlich von Freiburg nach St. Märgen in den Rohbau der Klosterkirche überführt. Die neue Abtei erstrahlt als *en miniature*-Verwirklichung einer idealtypischen Klosteranlage des 18. Jahrhunderts.

Wie andernorts auch drückt der wiedererstarkende Katholizismus die Renaissance seiner Macht in barocker Prachtliebe aus. Um die Attraktivität St. Märgens als Pilgerstätte noch zu steigern, erwirbt Probst Dilger im Jahr 1722 eine Reliquie des Hl. Judas Thaddäus, dem 1749 auf dem Ohmenberg eine Kapelle geweiht wird. Allein im Jahr 1754 zählt man 24000 Pilger. Kunstvoll gefertigte Hinterglasbilder, gestiftet als Votivgaben, zeugen von der Verwurzelung der Wallfahrtstätten in die religiöse Alltagskultur der Schwarzwälder. Bis zur Säkularisation 1806 gelingt es dem Augustiner-Chorherrenstift wieder zu Wohlstand zu gelangen.

Beschreibung
der
Gnadenreichen Bildnus
MARIÆ,
Welche in dem
Löblichen Gotts-Hauß
Der Regulirten
Chor-Herren
S. Augustini,
MARIÆ-ZELL
Genannt,
Auf dem Schwartzwald verehret wird, und schon über 600. Jahr mit beständigen Wunder-Gnaden leuchtet.
Das drittemal auffgelegt mit Beyfügung der Gnaden und Wunder/ welche 1723. 24. und 25. bey disem Gnaden-Bild erlangt worden seynd.
Freyburg im Breyßgau/
Drucks Frantz Xaveri Schaal/ 1726.

Die in fünffacher Auflage ab 1711 gedruckten „Wallfahrtsbüchlein“ popularisieren die Wallfahrt zum Gnadenbild der Klosterkirche, ebenso wie jene zur Judas-Thaddäus-Reliquie auf dem Ohmenberg. Zahlreiche Druckgrafiken der als wundertätig verehrten Figur kursieren im 18. Jh. als Andachtsbild.

Abt Andreas Dilger | *1721*
Seinem energischen Betreiben des Wiederaufbaus verdankt das Kloster die kurze Renaissance vor der Säkularisation.

Neue Gäste, neue Herbergen

Die Auflösung des Konvents durch die Säkularisation bedeutete auch einen Umbruch in der Struktur des Dorfes, hatte das Kloster doch sowohl das spirituelle als auch das ökonomische Leben der Ortschaft geprägt. Neue wirtschaftliche Perspektiven ergeben sich, als im Laufe des 19. Jahrhunderts immer mehr naturbegeisterte Städter auf dem Lande Erholung, romantisch bewegte Künstler Inspiration suchen. Der kultivierte, naturverbundene Müßiggang und die Sportbegeisterung von Wanderern, Skiläufern und Kurgästen, die den Schwarzwald besuchen, werden zur Einnahmequelle für eine mit den neuen Bahnstrecken wachsende Fremdenverkehrsindustrie.

Kurgäste vor dem „Hirschen". Die „Goldene Krone" | um 1900

In St. Märgen ist es vor allem das Kurhotel *Goldene Krone* – vormals das Klostergasthaus –, das als modernes Kurhotel Gäste aus zahlreichen Großstädten anzieht. Natürlich haben die hohen Gäste – allein im Jahre 1860 schreiben sich drei *Exzellenzen* ins Gästebuch ein – andere Ansprüche als die demütigen Pilger, für die das Haus 1757/58 ursprünglich errichtet worden war. Eine umfangreiche Modernisierung beschert dem Haus deshalb 1902 ein zusätzliches Obergeschoss, vor allem aber eine stilistische Umgestaltung: Fachwerkfassade, Erker, Balkone und andere verspielte dekorative Accessoires dokumentieren jetzt auch äußerlich die Verwandlung des bescheidenen Pilgerhauses in ein luxuriöses Grand Hotel, das seinen Gästen nun eine Dampfheizung, Bäder, Lesezimmer und einen eleganten Saal im zeitgenössischen Jugendstil bietet.

*Richtfest 1902 am Umbau der „**Goldenen Krone**". Stolz bewirbt der Bauherr Adolf Rombach das neu eingeweihte Kurhotel mit den guten Namen abgestiegener Excellenzen. (S. 21)*

Derlei Investitionen zeigen, dass es trotz der eingeschränkten Mobilität jener Tage – die nächste Bahnstation war in Himmelreich – ein stabiles Klientel vermögender Erholungssuchender gegeben hat. Den Grund dafür braucht man nicht lange zu suchen. Bereits zur Blütezeit der Wallfahrt muss der beeindruckende Ausblick vom St. Märgener Plateau auf den Hochschwarzwald, nachdem die beschwerliche Wallfahrt über steile, dunkle Pfade wie den Wagensteig geführt hatte, die Hoffnung der Pilger auf Trost und Erlösung beflügelt haben. In der gezielten Werbung, die man seit dem Ende des 19. Jahrhunderts – als die Pilgerzüge bereits von reiselustigen Sommerfrischlern abgelöst worden sind – durch Ansichtspostkarten, Zeitungsanzeigen und Broschüren betreibt, wird die einmalige Topografie St. Märgens entsprechend geschickt in Szene gesetzt. Die sich durch die Industrialisierung verändernden gesellschaftlichen Verhältnisse, vor allem aber merkantiles Kalkül schaffen einen neuen Geschäftszweig: Der moderne Tourismus beginnt.

PENSION
Paul Gerats.
St. Märgen, Juni 1924.

Gegensätze zwischen Stadt und Land: Kurgäste vor dem Hotel „Goldene Krone" geben sich motorisiert und mondän. – Einheimische Mädchen vor Haus „Sonnhalde".

Inspiration abseits der Städte

Der nach 1900 beschleunigte Prozess der Urbanisierung bringt den Wert von Natur und Landschaft in das bildungsbürgerliche Bewusstsein. In den achtziger und neunziger Jahren des 19. Jahrhunderts waren in Deutschland zahlreiche Künstlerkolonien nach dem Vorbild der *Schule von Barbizon* gegründet worden. Jene nach dem südöstlich von Paris gelegenen Ort benannte Künstlergemeinschaft, die sich bereits in den 1830er Jahren um die Maler Charles Daubingy, Théodore Rousseau und Camille Corot gebildet hatte.

Spätestens ab 1903 wird die Landschaft um St. Märgen als Sujet fotografischen, zeichnerischen und malerischen Studiums entdeckt. Hermann Dischler: „Schwaighöfe, Thurner“ | 1903

Zu den bekanntesten deutschen Kolonien zählen Worpswede bei Bremen (1889), Dachau (1887) und Murnau (1908) bei München oder Grötzingen bei Karlsruhe (1889). Während in den Kunstzentren noch allerorten der bildungsbürgerliche Akademismus vorherrscht, sammeln sich die Künstler außerhalb der Städte, um in der Stille vergessener Dörfer zu arbeiten. Vereinzelte Vorreiter wie Hans Thoma oder Leopold Graf Kalckreuth wirken anregend.

Das Aufsuchen ländlicher Abgeschiedenheit, in der man durch die Verbundenheit mit der Natur zu neuer künstlerische Freiheit und Selbstverwirklichung zu finden hofft, ist einerseits eine Absage an die im blutleeren Eklektizismus der Akademien erstarrte Malerei des späten 19. Jahrhunderts; andererseits widerspricht die Sehnsucht nach einer zivilisationsfernen, ursprünglicheren Gegenwelt dem Wertesystem der boomenden Gründerzeit, die die industrielle Unterentwicklung des neu gegründeten Deutschen Kaiserreiches durch ehrgeizige Anstrengungen überwinden will.

Der Gegenentwurf der Künstlerkolonien zur Industriezivilisation verklärt nicht nur sentimental die Harmonie zwischen Mensch und Natur, sondern respektiert konträr zum vorherrschenden Zeitgeist grundsätzlich das Alte, Gewachsene und Naturnahe; nicht aus dumpfer, reaktionärer Idyllenseligkeit, sondern weil man von genau diesen Werten die Inspiration zu unerhört Neuem erhofft. (Die 1880 von Wilhelm Hasemann in Gutach im Schwarzwald gegründete Künstlerkolonie lässt sich nicht nur von ihrer Wahlheimat inspirieren, sondern engagiert sich in brauch- und denkmalpflegerischer Absicht auch für den Erhalt von Bausubstanz und Traditionen). Beispielhaft finden die Mitglieder der Murnauer Künstlervereinigung in der Auseinandersetzung mit der bayerischen Volkskunst ihren Ausdruck „... *hin zum Fühlen des Inhaltes, zum Abstrahieren – zum Geben des Extraktes*“.

Im Frühjahr 1903 weilen erstmals die Landschaftsmaler Hermann Dischler, Wilhelm Nagel und Karl Biese auf dem Turner, um die umliegende Landschaft zu studieren. 1904 verbringt Dischler gar den ganzen Winter in St. Märgen. Selbst das Angebot einer Professur kann den Norddeutschen Karl Biese nicht davon abhalten, 1907 für zwei Jahre ebenfalls nach St. Märgen zu ziehen. Der zwanglose Freundeskreis der sich aus Karlsruher Studientagen bekannten Künstler verzichtet darauf, programmatische Manifeste nach dem Vorbild der erwähnten Künstlersezessionen zu formulieren oder sich als Gemeinschaft zu definieren, drückt durch seine Werke aber eine klare Haltung aus, die von den Kolonien inspiriert ist:

In St. Märgen stößt Hermann Dischler auf vormoderne, …

... harte und einfache Lebensumstände. ***„St. Märgen“*** | *1904*

So zeugt das malerische Œuvre von Hermann Dischler in seiner Akribie der Wiedergabe für ein fast schon naturwissenschaftliches Interesse an der Landschaft vor dem Hintergrund einer sich verändernden Umwelt. Seine Bilder, allein auf 62 Kunstwerken hielt er St. Märgen und Umgebung fest, schärfen unseren Blick für die großen Veränderungen der Kulturlandschaft Schwarzwald und zeigen eine Landschaft, die es heute so nicht mehr gibt. Auf den Lithografien des ehemaligen Mitglieds der Grötzinger Kolonie Karl Biese, der Landschaftsansichten um St. Märgen in ganz Deutschland popularisiert (*Siehe S. 82 ff.*) blicken wir in menschenleere Weiten, in welchen alle Spuren von Zivilisation als störendes Beiwerk empfunden werden.

„Die Schwarzwälder" bei einer Ausstellung im Freiburger Kunstverein 1930 v.l.n.r.: W. Wickertsheimer, W. Merten, S. Kölble, W. Nagel, H. Dischler, F. Greiner, J. Heffner, H. Häring.

Dischler engagiert sich seit 1897 als Mitglied des *Badischen Schwarzwaldvereins* für den Naturschutz und die Pflege von Naturdenkmälern, die durch den Fremdenverkehr gefährdet sind. Nicht die Modernisierung des ländlichen Raumes sondern seine Erhaltung ist nun das Ziel. In der 1926 ins Leben gerufenen Ausstellungsgemeinschaft *Die Schwarzwälder* hatten sich neben Dischler u. a. die Maler Curt Liebich, Wilhelm Haller und Julius Heffner zusammengefunden, die in ihren auf Sonderausstellungen in Freiburg präsentierten Werken die Schönheit und Verletzlichkeit des Schwarzwaldes ins öffentliche Bewusstsein bringen.

Flucht ins Idyll

Nach dem Ersten Weltkrieg zerfällt die einst durch Nationalismus und Repression zusammengeklammerte Gesellschaft in erbittert verfeindete Konfliktparteien. Die im untergegangenen Deutschen Kaiserreich kaschierten sozialen Gegensätze brechen sich nun in Zeiten von Not und Krise in gewaltsamen Auseinandersetzungen Bahn. Bezeichnend für diesen Zustand der inneren Zerissenheit der Weimarer Republik ist ein skurriles Nebeneinander von unterschiedlichsten kulturellen Milieus, von gegensätzlichsten Lebenskonzepten und Weltanschauungen.

Luftbild St. Märgens von Südwesten; aus den 30er Jahren.

Reaktionäre Bildungsphilister stehen dadaistischen Provokateuren, konservative Kleinbürger revolutionären Arbeitersportvereinen, Jugendbewegungen wie die *Wandervögel* anarchischen *Wilden Cliquen* in unversöhnlicher Feindseligkeit gegenüber. Während eine junge und offene Generation von Künstlern und Intellektuellen der Herausforderung sozialer und wirtschaftlicher Umwälzungen mit neuen Visionen zu Architektur, Kunst und Gesellschaft begegnet, flüchten sich andere ängstlich in anachronistische, rückwärts gewandte Traumwelten. Symptomatisch für dieses Bemühen um eine altbackene Innerlichkeit ist die außerordentliche Beliebtheit von sentimental verkitschten Motiven eines vormodernen Landlebens.

*Der Speisesaal der „**Goldenen Krone**" mit Gemälden Hauptmanns.*

Während einer seiner Aufenthalte in der Krone zeichnete Karl Hauptmann ein heute verschollenes barockes Prunkbett. Das Schlaflager aus dem 18. Jh. gehörte wie die üppigen Stukkaturen zur Ausstattung der Abtszimmer.

Bedient werden diese Bedürfnisse u.a. von den Landschaftsmalern Gustav Traub und Karl Hauptmann, die in den 30er und 40er Jahren in St. Märgen verkehren. Der eine hat 1942 nach einer Karriere als Werbegrafiker und Illustrator im *Schulerhaus* sein Atelier eingerichtet, der andere versucht, nachdem er sich in den vorausgehenden Jahrzehnten bereits erfolgreich als ‚Feldbergmaler' profiliert hat, sein darstellerisches Spektrum und nicht zuletzt sein Klientel zu erweitern. Das Hotel *Goldene Krone* bzw. der Gasthof *Hirschen* stellen geeignete Verkaufsforen für die befreundeten Künstler dar. Dort logiert man, stellt seine Bilder aus, knüpft Kontakte zu potenziellen Kunden und trifft sich hier zu künstlerischem Austausch und geselligen Runden. Camill Macklot, Porträtmaler aus Karlsruhe und bekannt durch seine Stillleben in altmeisterlicher Manier, besucht die befreundeten Maler Traub und Hauptmann oft in St. Märgen. Glaubt man mündlichen Überlieferungen, so haben Hauptmann oder Traub mitunter ihre Schulden in Hotel und Gasthof mit Zeichnungen und Bildern beglichen. Im *Hirschen* kann der Besucher heute noch Zeichnungen und Gemälde Traubs betrachten. Acht Gemälde Karl Hauptmanns mit Motiven von St. Märgen, St. Peter, Holzschlag, Neuhäusle und Thurner fielen im Oktober 1943 dem vernichtenden Brand des Gasthofs *Hirschen* zum Opfer.

Es fällt nicht leicht, den künstlerischen Wert der in St. Märgen entstandenen Arbeiten Traubs und Hauptmanns heute zu beurteilen. – Der gestalterischen Souveränität in der Zusammensetzung des atmosphärischen Kolorits oder in der Originalität ihrer Bildkompositionen steht die dumpfe Idyllenseligkeit ihrer verbrämten Schwarzwaldansichten gegenüber, die mit dem Ringen um Authentizität bei Hermann Dischler nichts zu tun hat.

In jedem Fall zeugt die kommerziell durchaus erfolgreiche Festlegung der beiden auf romantisierende Landschaftsstereotypen – bereits vor dem antimodernen Kunstzensus der Nationalsozialisten – von einer konsequenten Verweigerung gegenüber den Einflüssen dessen, was man im Nachhinein als progressiven Zeitgeist dieser Jahre betrachten mag. Ein Biograph Gustav Traubs gesteht offen: *„Uns Jungen jener Zeit wurde Gustav Traub ein tröstlicher Garant dafür, dass die Welt sich nicht in Step und Dada auflösen werde.“*

Solche Mentalität bereitete den Nährboden für eine zum Nationalismus tendierende Heimatkunst, die die Nationalsozialisten nur allzu gern vor den Karren ihrer faschistischen Kunstideologie spannten. Im Juli 1937 demonstrierte das neue Regime in den Münchner Hofgartenarkaden mit der Ausstellung *Entartete Kunst,* wie der erbitterte ‚Säuberungskrieg' gegen moderne Kunst, gegen die *Elemente der Kulturzersetzung,* sich zukünftig gestalten wird. Man hatte in der Ausstellung, die dann in mehreren Städten Deutschlands gezeigt wurde, 730 Werke von 112 bedeutenden Künstlern wie Otto Dix, Max Ernst, Ludwig Kirchner, Franz Marc oder Emil Nolde, um nur einige wenige zu nennen, zusammengepfercht, um *Chaos, groben Unsinn* und *Geisteskrankheit* als *Entartung* der Moderne herauszustellen. Positives Spektakel und Ausdrucksträger des neuen künstlerischen Geistes, der unter dem Hakenkreuz wehen sollte, war die *Große Deutsche Kunstausstellung* im Münchner *Haus der Deutschen Kunst.* Unter Hitlers Schirmherrschaft, bekanntermaßen verhinderter Genius und talentloser Vorlagenabmaler, wurde die Ausstellung, der sieben folgten, am 18. Juli 1937 eröffnet, um nur das „*Vollkommenste, Fertigste und Beste* [zu] *zeigen, was deutsche Kunst zu vollbringen mag.*" Künstlern wie Gustav Traub, der z.B. 1937 und 1938 mit einigen Landschaftsgemälden vertreten war, kam die vermeintliche Ehre zu, mit ihren Arbeiten die Ausstellung zu einer massiven Demonstration rückwärtsgewandter Kunst zu gestalten – die Kluft zwischen moderner und traditioneller Kunst wurde vergrößert. Dass Traub 1939 von Adolf Hitler, der kurz zuvor zwei seiner Gemälde gekauft hatte, der Professorentitel verliehen wurde, bedarf keiner weiteren Erläuterung.

Das „Stielerhäusle“ wird 1929 nach Plänen des Architekten Hansgeorg Knoblauch errichtet. Von kleineren Reminiszenzen an traditionelle Schwarzwälder Architektur, wie den abgewalmten Giebel abgesehen, ist es als modernes Wohnhaus konzipiert.

Das Steinbachhofhäusle | 20er Jahre

„... fühle mich wohl u. arbeite concentriert."

Edmund Husserl, einer der einflussreichsten Philosophen des 20. Jahrhunderts, sucht St. Märgen nicht nur als Sommerfrischler auf, sondern nutzt die Zurückgezogenheit für konzentrierte Studien, die in Publikationen und Vorlesungen des Professors an der Freiburger Universität einfließen. In seinen in St. Märgen verfassten Briefen vergisst Husserl nicht, die positive Wirkung seiner Umgebung auf seine Arbeitsdisziplin zu erwähnen. Unterkunft findet Husserl in dem auf dem Klosterhof gelegenen Haus Nr. 3, im Steinbachhofhäusle und im nach seinem Gastgeber Prof. Georg Stieler benannten *Stielerhäusle,* das Ende 1929 erbaut wird.

Der Postbus aus Freiburg | *30er Jahre*

Ein Jahr zuvor mietet sich der mit den Stielers befreundete Professor für katholische Dogmatik, Engelbert Krebs, in der *Klausenmatte* ein – für ihn Zufluchtsort zu Erholung und ungestörter Arbeit sowie Ort der Kontemplation. Zur Erinnerung daran, dass auf der *Klausenmatte* in vergangenen Jahrhunderten – schon 1121 erwähnt und erst nach der Aufhebung des Klosters St. Märgen im Jahre 1806 aufgegeben – eine dem Heiligen Nikolaus geweihte Kapelle gestanden und ein Einsiedler gewohnt hatte, bezeichnet er sich fortan als *Klausener*. Durch seine rege Anteilnahme am Gemeindeleben – er zelebriert Taufen, Eheschließungen und Trauerfeiern – erfreut er sich der Beliebtheit der Dorfbevölkerung. Neben seinen wissenschaftlichen Studien beschäftigt er sich intensiv mit der Geschichte seiner Wahlheimat, wofür nicht nur einige historische Abhandlungen aus seiner Feder zeugen, sondern auch sein Engagement für den Aufbau einer neuen Nikolauskapelle (1931). Krebs empfängt prominente Gäste in der *Klausenmatte*. Die von ihm im April 1928 angelegte *Klausenchronik*, gefüllt mit Erinnerungen, Notizen und Eintragungen seiner Gäste, ist dafür beredtes Zeugnis. Was Engelbert Krebs bei der Eröffnung der *Klausenchronik* noch nicht ahnt: 24 Jahre lang wird sie geführt werden, von seinen Angehörigen noch über seinen Tod hinaus bis 1952. Freiburger Kollegen wie der Kirchenhistoriker Prälat Emil Goller oder auch der Ordinarius für Volkswirtschaftslehre, Prof. Götz Briefs, kommen in die *Klausenmatte*, Prof. Dr. Eugen Fischer, Direktor des Kaiser-Wilhelm-Instituts für Vererbungsforschung in Berlin, 1930 kommt der Oberbürgermeister Freiburgs, Karl Bender zu Besuch. Prinz und Prinzessin Johan Georg von Sachsen, Maria Ria Adenauer, die Tochter des späteren Bundeskanzlers, sind seine Gäste, die St. Märgener *Klause* wird in immer größeren Kreisen bekannt. Ob Konrad Adenauer selbst zu Gast bei Krebs gewesen ist, hat sich leider nicht überliefert. 1926 hatte der damalige Oberbürgermeister von Köln – prominentes Mitglied des katholisch-konservativen *Zentrum* – seine Ferien in der bereits erwähnten *Goldenen Krone* verbracht.

Ein besonders wertvolles Zeugnis über den dörflichen Alltag in den 30er Jahren stellt das Gästebuch der Klausenmatte, die sog. „Klausenchronik“ dar. Die mit Fotografien und Zeichnungen reich illustrierte Chronik, wurde von 1928–52 geführt.

Begeistert von einem genius loci, der Ruhe und Ursprünglichkeit verheißt, ist auch Ruth Schaumann, die seit 1917 in München lebt. Die äußerst produktive und vielseitige bildende Künstlerin und Dichterin – verehrt und höchst populär in den dreißiger und vierziger Jahren – bewohnt 1943 bis 1946 mit ihrer Familie das Haus *Sonnhalde*.

Jenes Haus *Sonnhalde*, von dem man einen zauberhaften Blick auf Berge und Täler des Schwarzwaldes genießt, birgt noch vielerlei Geschichten, manche werden uns verborgen bleiben. In den dreißiger Jahren hatten die Berliner Alfred und Annemarie Leonore Reiss (geb. Herms) das Haus als Sommerwohnsitz für sich und die Kinder erworben.

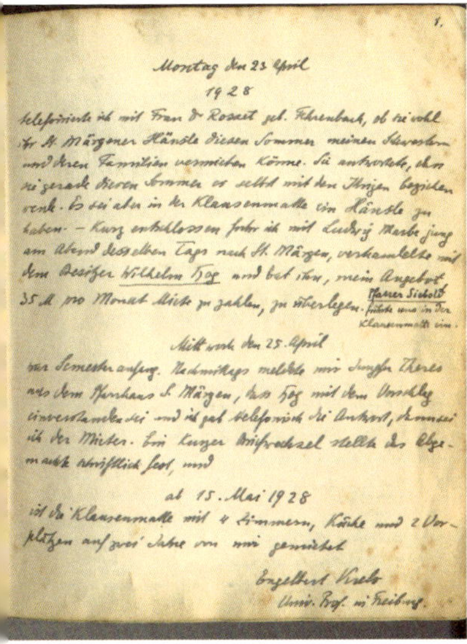

1.

Montag den 23 April
1928

telefonierte ich mit Frau Dr Rosset geb. Ehrenbach, ob sie wohl ihr St. Märgener Häusle diesen Sommer meinen Schwestern und ihren Familien vermieten könne. Sie antwortete, daß sie gerade diesen Sommer es selbst mit den Ihrigen beziehen werde. Es sei aber in der Klausenmatte ein Häusle zu haben. – Kurz entschlossen fuhr ich mit Ludwig Marbe jung am Abend desselben Tags nach St. Märgen, verhandelte mit dem Besitzer Wilhelm Hog und bat ihn, mein Angebot 35 M pro Monat Miete zu zahlen, zu überlegen. Pfarrer Siebold führte uns in der Klausenmatte ein.

Mittwoch den 25. April

war Semesteranfang. Nachmittags meldete mir Jungfer Theres aus dem Pfarrhaus St. Märgen, dass Hog mit dem Vorschlag einverstanden sei und ich gab telefonisch die Antwort, dann sei ich der Mieter. Ein kurzer Briefwechsel stellte das Abgemachte schriftlich fest, und

ab 15. Mai 1928

ist die Klausenmatte mit 4 Zimmern, Küche und 2 Vorplätzen auf zwei Jahre von mir gemietet

Engelbert Krebs
Univ. Prof. in Freiburg.

Die detaillierten Aufzeichnungen von Besuchen und Ereignissen in der Klausenmatte, die Engelbert Krebs seit April 1928 festhielt, gewähren uns tiefe Einblicke in das religiöse und soziale Leben in seiner St. Märgener Umgebung.

Die jüdische Familie aus dem Berliner Villenviertel Dahlem muss sich in St. Märgen zunächst sehr wohl gefühlt haben. Ihrer Initiative ist die Befestigung eines kleinen Weges zu verdanken, der von nun an von manchen St. Märgenern unter Anspielung auf die Heimat der Familie Reiss ‚*Kurfürstendamm*' genannt wurde. Außerdem ließ man ein Badehaus am Badeweiher einrichten, stiftete eine Feuerwehrleiter. Demonstrativer Antisemitismus, der die Wahl-St. Märgener trotz ihres öffentlichen Engagements auch hier einholte, bedrängte die Familie, 1938 das Haus *Sonnhalde* an eine Offenbacher Arztfamilie zu verkaufen und den Schwarzwaldort für immer zu verlassen.

Jene Familie Frühauf stellt das Haus 1943 dem vor den Bombenangriffen flüchtenden Münchner Intellektuellen Dr. Friedrich Fuchs und seiner Frau, der Künstlerin Ruth Schaumann zur Verfügung. Die Bildhauerin, Illustratorin und Autorin von unzähligen literarischen Werken schreibt hier einige ihrer bekanntesten Prosa- und Lyrikbände. Schaumanns Leben und Wirken steht für die gelebte Ambivalenz so mancher Persönlichkeiten, die sich in St. Märgen treffen. Auf der einen Seite wird sie mit ihren Büchern in die Dienste des Nationalsozialismus gespannt, ihr Roman *Der Major,* 1935 erschienen, wird vom Oberkommando der Wehrmacht als Soldatenlektüre empfohlen. Ihre Märchen und Gedichte sind nachgerade Paradebeispiel für das Engagement der familienorientierten deutschen Frau und Mutter. Andererseits ist ihr Ehemann, der Literaturforscher Friedrich Fuchs, als Wortführer einer katholischen Monatszeitschrift den Nazis suspekt. Das Ehepaar ist überdies mit Zeitgenossen befreundet, die das Regime herausfordern: Neben Hugo Ball, einem Mitbegründer der Dada-Bewegung, deren Verneinung einer rationalen Weltsicht vom Nationalsozialismus als mustergültig für kulturellen Verfall angeprangert wird, zählt auch der Regimegegner Hans Scholl, Mitglied der Widerstandsgruppe *Die weiße Rose,* zu den Freunden der Familie.

Friedrich Fuchs und Ruth Schaumann vor dem „Haus Sonnhalde“. Ursprünglich 1923 als Gästehaus der „Goldenen Krone“ erbaut, wurde es 1932 von Familie Reiss, 1938 schließlich von Familie Frühauf erworben.

Als der Krieg endlich vorbei ist, ist aus dem aus der Not gewählten Zufluchtsort eine zweite Heimat geworden. Bis zu ihrem Tod in den siebziger Jahren wird Ruth Schaumann regelmäßig für längere Arbeitsaufenthalte nach St. Märgen zurückkehren.

Dort hat inzwischen mit der Bildhauerin Ursula Schrumpf, dem Grafiker Amandus Goetzell und dem Maler Roland Litzenburger eine neue Generation von Künstlern Fuß gefasst.

„Schöne Tage im Hochschwarzwald" | *1989*

Dem hektischem Kunstbetrieb, dem ein international renommierter Künstler ausgesetzt ist, entflieht Peter Dreher regelmäßig, um sich hier in St. Märgen seinem in kontemplativer Konsequenz über Jahrzehnte wachsenden Serienwerk *Tag um Tag guter Tag* zu widmen. Mit den in der spannungsreichen Beziehung zwischen urbanem Umfeld und Ruhepolen wie St. Märgen gewachsenen Erfahrun-

12 mal 24 x 33 cm | insgesamt 72 x 132 cm

gen kann der Künstler auch die hiesige Landschaft als Sujet begreifen, ohne von den durch Klischees verkrusteten, idyllischen Sichtweisen des Schwarzwaldes beeinflusst zu sein.

„St. Märgen, das ist meine Heimat ... , das habe ich mein Leben lang gesucht. Allerdings: in diese Abgeschiedenheit will ich von Zeit zu Zeit die Außenwelt, meine Erfahrungen mit ihr, in ihr, einbringen."

„…weillen er sich zu anderen
Arbeithen als Bildhauern nit
hat wollen brauchen lassen…“

DER KONVENT IN ST. MÄRGEN | 1736

MATTHIAS FALLER

„Sculptor egregius"
Ein hervorragender Bildhauer

Der als Sohn des Oberfallengrundbauers Georg Faller und seiner Ehefrau Barbara in Neukirch geborene Matthias Faller wird am 23.02.1707 in der dortigen Pfarrkirche getauft. Erste Lehrjahre absolviert er in den Werkstätten der Bildhauer Philipp Winterhalder und Anton Ketterer in Gengenbach und in Colmar. Nach Wanderjahren in Augsburg, München, Wien und Prag kehrt Faller anlässlich des Todes seiner Mutter 1734 in den Schwarzwald zurück. 1735 bemüht er sich um Aufnahme als Laienbruder in das Kloster St. Märgen. Doch schon vor Ablauf des zweijährigen Noviziats wird er *„dimittiert"*, weil er sich allein auf seine bildhauerische Arbeit an der Ausstattung der neugebauten Klosterkirche konzentrieren möchte und eine Ablenkung durch niedere Tätigkeiten kategorisch ablehnt. In

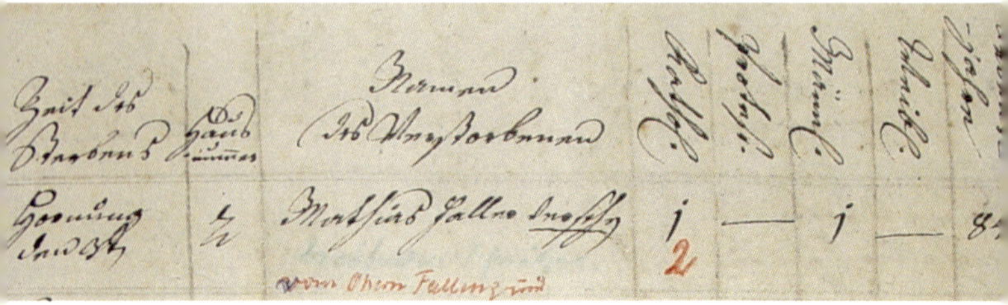

Dem Eintrag in das St. Märgener Sterberegister von 1791 entnehmen wir, dass Matthias Faller am 3. Februar im Alter von 84 Jahren „... an Entkräftung und Brand" verstorben ist.

der Werkstatt seines Vetters Johann M. Winterhalter findet er vorübergehend ein neues Auskommen. Derweil sinnt der neue Abt St. Märgens – Petrus Glunk – darauf, Faller erneut als Künstler in klösterlichen Diensten zu gewinnen. Eine Einstellung als Kammerdiener, die Faller 1741 antritt, stellt eine für das Kloster äußerst glückliche Lösung dar. Denn während der Bildhauer für ein Festgehalt allmählich die Kirche mit seinen Werken füllt, pofitiert das Kloster zusätzlich durch den Weiterverkauf seiner Arbeitsleistungen an auswärtige Auftraggeber. 1743 ist das Interesse an Sakralkunstwerken jedoch so verhalten, dass dieses Arbeitsverhältnis als bestallter Künstler nicht mehr funktioniert. Da eine andere Art der Beschäftigung für Faller nicht in Frage kommt, quittiert Faller den Dienst und richtet sich auf dem väterlichen Hof eine eigene Werkstatt ein.

REGULIERTER CHORHERR VON DER LATERANISCHEN CONGREGATION
in der Stadtkleidung

Der zeitgenössische Stich zeigt einen Augustinerchorherren in seiner aufwändigen Tracht, die sein Selbstverständnis als „Standesperson" zum Ausdruck bringt.

1747 heiratet er Maria Fehrenbach und zieht 1751 nach St. Peter, um dort bis 1771 als Klosterbildhauer zu wirken. Seinen letzten Lebensabschnitt erlebt der in der Zwischenzeit zum Witwer gewordene Künstler in St. Märgen. Wieder bietet das Kloster dem alternden Künstler einen Existenzrahmen, indem es ihm Wohn- und Werkstatt im sog. *Neuen Haus*, der späteren *Goldenen Krone*, einrichtet. Im Jahr 1791 ist Faller im Alter von 84 Jahren verstorben. Er wurde auf dem St. Märgener Friedhof neben der Gnadenkapelle beigesetzt.

Zwischen Barock und Rokoko

Matthias Faller gehört zu der Generation von Künstlern und Kunsthandwerkern, in deren Werk der wieder erstarkte Katholizismus seine Selbstbehauptung nach Reformation und Konfessionskriegen triumphal zum Ausdruck bringt. In seinen Wanderjahren konnte der Geselle erleben, wie eine nach dem Schrecken des Dreißigjährigen Krieges

Frühwerke des Laienbruders „Floridus": Die expressive Figurengruppe des ***Heilig-Kreuz-Altars*** *aus dem Jahr 1736, die* ***Vierzehn Kreuzwegstationen*** *von 1737. Die Holzreliefs waren in Bildstöcke eingelassen, die den Weg zur Judas-Thaddäus-Kapelle auf dem Ohmenberg säumten.*

neu erblühende Handwerkskultur ambitiöse Projekte verwirklicht, deren verschwenderischer Glanz den Herrschaftsanspruch ihrer kirchlichen und adeligen Auftraggeber unmissverständlich zum Ausdruck bringt. Jedes kleine Provinzfürstentum, jedes noch so kleine Kloster wetteifert in seiner Prachtliebe mit großen Vorbildern in Versailles und Rom.

Wissenschaft, Musik, Architektur und Kunst werden zum Instrument des absolutistischen Machtprinzips, dessen Durchsetzung Könige und Päpste ebenso energisch betreiben wie Äbte und Prälaten.

In Anspielung auf die Kunstsinnigkeit weltlicher wie geistlicher Fürsten wird sich der französische Philosoph Rousseau in der zweiten Hälfte des 18. Jahrhunderts ereifern, dass die Kunst nichts anderes sei *„als die Blumenkränze, die um die Ketten der Knechtschaft gewunden sind."* Selbst wenn man diese Zuspitzung als Polemik ablehnt, sagt sie uns doch viel über die Situation eines Künstlers dieser Epoche aus: Kunst und Kunsthandwerk werden von Adel und Klerus, von deren Geschmack und deren Repräsentationsbedürfnissen bestimmt.

Mit dem Gnadenbild wurden 1907 auch die zwei großen Engelsfiguren des Gnadenaltars vor dem Feuer bewahrt. Als Vorbild dieser Plastiken sind deutlich Werke Asams erkennbar. Die originale Gestalt des Altarretabels lässt sich auf dem um 1760 veröffentlichten Stich nachempfinden.

Nicht nur in seinen figürliche Darstellungen, auch in der Ausgestaltung ornamentaler Formen kann man das außerordentliche handwerkliche und gestalterische Niveau des jungen Faller nachempfinden. Die filigrane Predella des linken Seitenaltars, bekrönt von den Figuren des hl. Dominikus, Marias und der hl. Katharina, antizipiert bereits die Rocailleformen des Rokoko. | 1746

Vielleicht sind diese Zwänge eine Erklärung für den Umstand, dass der hochbegabte Faller für die meiste Zeit seines Lebens die Sicherheit eines spärlich besoldeten Anstellungsverhältnisses der Existenz als unabhängiger Handwerksmeister vorzieht, die übrigens lukrativ sein konnte, wie uns das Beispiel seines Freiburger Zeitgenossen Christian Wentzinger lehrt. In jedem Fall sind die Arbeiten, die Matthias Faller ab 1735 für die Klosterkirche St. Märgen anfertigt – der *Heilig-Kreuz-Altar*, der *Gnadenaltar* und der *Josephsaltar* – souveräne Leistungen auf der stilistischen Höhe der Zeit. Namentlich der Einfluss von Egid Quirin Asam, dessen Werk und Wirkung der Geselle auf Wanderschaft in Bayern und Böhmen studieren konnte, lässt sich in den aufwändig durchmodellierten Faltenlandschaften der Gewänder, dem theatralischen Gestus und der monumentalen Körperlichkeit nachempfinden. Die erhaltene Kreuzigungsgruppe des *Heilig-Kreuz-Altars* zeigt am eindruckvollsten das künstlerische Potenzial des jungen Künstlers. Während wir in Fallers Werken der 40er Jahre bereits eine gewisse Formelhaftigkeit in der figürlichen Darstellung entdecken, beeindrucken hier vor allem die Assistenzfiguren der Maria und des Johannes durch ihre mitreißende Expressivität. Mimik, Gestik, Körperhaltung und aufgewühlter Faltenwurf fügen sich in den theatralischen Ausdruck wilden Schmerzes.

Dieser urbarocken, plastischen Auffassung bleibt Faller auch in späteren Jahren treu – auch wenn er im ornamentalen Beiwerk etwas mehr mit der Mode geht: Fantastische Rocailleformen nach dem Geschmack des Rokoko gehören schon seit der Jahrhundertmitte zu seinem festen Formenrepertoire.

Die handwerkliche Virtuosität, die Faller in den großartigen Sakralkunstwerken für St. Märgen und St. Peter kultiviert hat, perfektioniert er im Alter in den zahlreichen kunsthandwerklichen Preziosen, die als Uhrenschilder oder Kleinplastiken erhalten sind. Darüber hinaus hat er Modelle für im Gelbguss ausgeführte Grabkreuze geliefert. Die be-

*Die letzten zwei Jahrzehnte seines Lebens wohnte Faller im sog. **Neuen Haus**, der späteren **Goldenen Krone** | um 1900.*

Im 18. Jh. waren die Grenzen zwischen Kunst und Kunsthandwerk oft fließend. Fallers Berufsbild schloss also die Fertigung von profanen Gebrauchsgegenständen wie etwa die von Uhrenschildern nicht aus. Sein Einfluss auf schwarzwälder Kunsthandwerker war schulbildend; so auch auf den Gehäuseschnitzer dieser frühklassizistischen Hackbrettuhr. | *1790–1800*

kannteste Druckgrafik über das barocke Wallfahrtswesen in St. Märgen – ein Kupferstich des Gnadenbilds, das über der Klosterkirche und bittfälligen Pilgern schwebt – geht ebenfalls auf einen zeichnerischen Entwurf Fallers zurück.

Neben den bereits erwähnten Arbeiten zählen zu den wichtigsten Werken Fallers: Der Hochaltar in St. Märgen (1744/45), die Bibliotheksfiguren, das Orgelrückpositiv und das Chorgestühl im Kloster St. Peter und die ehemals in den Bildstöcken auf dem Ohmenberg eingelassenen Kreuzwegstationen.

„Alle meine Bilder sind
vor dem strengen Auge der Mutter Natur entstanden.
Die Natur bleibt immer
unsere große Lehrmeisterin."

HERMANN DISCHLER

HERMANN DISCHLER

Maler und Dokumentarist

Hermann Dischler, geboren am 25.9.1866, war Sohn eines Freiburger Kaufmanns. Nach dem Abitur studierte er von 1884 bis 1894 an der Karlsruher Kunstakademie. Er war Meisterschüler des Landschaftsmalers Gustav Schönleber, sein künstlerisches Vorbild jedoch war der Maler und Grafiker Hans Thoma, mit dem er freundschaftlich verbunden war. Seit 1887 führten ihn Studienreisen und Wanderungen durch Franken, den Odenwald, das Elsaß oder die Pfalz. 1899 gründete Dischler mit anderen Künstlern die Gruppe *Breisgauer Fünfer,* die ihre Werke gemeinsam in Freiburg, Basel oder München ausstellte. Außerdem war er Mitglied des *Kunstvereins Freiburg* und der *Freien Künstlervereinigung Baden,* in der das Ausstellungswesen wesentlich gefördert wurde. Er achtete die Natur und engagierte sich schon seit 1897 als Mitglied des *Badischen Schwarzwaldvereins,* Sektion Freiburg, für den Naturschutz und die Pflege von Naturdenkmälern sowie für die Erhaltung und Anlage neuer Wanderwege.

Zunächst ließ sich Dischler 1892 als freischaffender Maler in Freiburg nieder. Aus gesundheitlichen Gründen und um in ländlicher Abgeschiedenheit Naturstudien zu betreiben, baute er sich 1907 in Hinterzarten sein legendäres *Künstlerhaus* auf, in das er im Januar 1908 einzog. Hier wohnte und arbeitete der Künstler und errichtete seine *Ständige Kunstausstellung,* um, wie er schrieb, *„die Kunst dem Volke näher zu bringen“,* aber vor allem auch, um seine Bilder zu verkaufen und von öffentlichen Ausstellungen unabhängig zu werden. In der aufwändigen Gestaltung seiner Villa und der kreativen, nach eigenen ästhetischen Gesichtspunkten angelegten Gartenanlage hat Dischler sein Lebensideal – die Verbindung von Kunst und Leben – verwirklichen können.

„Auf dem Weg zum Turner“ *hat Hermann Dischler in die Negativplatte geritzt. Das Gruppenporträt zeigt Freunde, die den Künstler auf einer Wandertour 1903 begleiten.*

Dischler mit „Schneeschuh" und Malausrüstung, 1906.

Ein Höhepunkt in Dischlers künstlerischer Laufbahn war die Verleihung des Professorentitels im Dezember 1917 durch den Großherzog Friedrich II. von Baden.

1926 fanden sich Künstler zu der Ausstellungsgemeinschaft *Die Schwarzwälder* zusammen, die ein Jahr später erstmalig mit einer Sonderausstellung an die Öffentlichkeit trat. Neben Dischler, der bis 1932 den Vorsitz innehatte, zählten Wilhelm Haller, Curt Liebich und Julius Heffner zu den Mitbegründern. Der eigenwillige Maler schloss sich zwar keiner Künstlerkolonie an, pflegte aber enge Kontakte zu Künstlern wie Wilhelm Hasemann, Curt Liebich, Gustav Kampmann oder Karl Biese. Er war zweimal verheiratet, blieb aber kinderlos. Er starb am 20.3.1935 in Hinterzarten.

Dischlers Naturalismus ging so weit, dass er fotografische Vorlagen – unter Zuhilfenahme von Projektionen – akribisch genau in Gemälde umsetzte. „Märzenstimmung“ | 1903

Landschaftsdarstellungen als Zeitfenster

Dischler war ein sehr arbeitsamer Künstler. Zwischen 1889 und 1935 verzeichnete er in 29 *Bilderbüchern* 1672 Gemälde, die er überdies skizzenhaft oder fotografisch dokumentierte. Nach der Jahrhundertwende wurde der Schwarzwald zur nahezu einzigen und unerschöpflichen Quelle seiner Bild-

Mitunter ergänzte Dischler seine fotografischen Vorarbeiten durch Farbstudien, wie etwa ***„Wintermorgen in St. Märgen“*** *1904, das* ***„Wintersonne“*** *| 1905 (S. 68/S. 69) vorbereitete.*

motive. Zudem lag ihm die Erhaltung und der Schutz der Schwarzwälder Kulturlandschaft am Herzen. Mit seiner Vorstellung von einer ‚*Kunst für alle*‘ strebte der Künstler die ästhetische Bildung aller Volksschichten an. Dabei stand er in der Tradition der *plein-air*-Malerei und damit der Entdeckung eines topographisch bestimmten Landschaftsbildes. Der Maler gab in seinen Aquarellen,

H. Dischler. Frbg. 05.

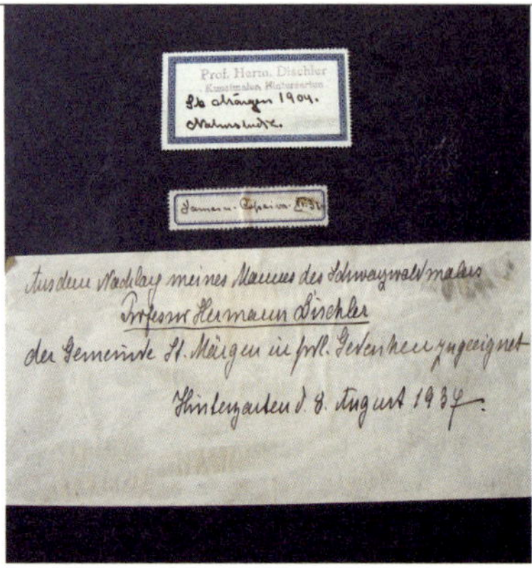

Nach dem Tode Dischlers vermachte seine Witwe ***„Wintermorgen in St. Märgen“*** *(S. 67) der Gemeinde St. Märgen. Auf der Rückseite notierte sie eine kurze Zueigung.*

Tempera- und Ölbildern, Skizzen und Zeichnungen den mittleren und südlichen Schwarzwald in einzigartiger Geschlossenheit wieder, der Feldberg blieb ein immer wieder verwendetes Motiv. Seine Kunst fand weite Verbreitung, Schwarzwaldbesucher aus aller Welt kauften seine Werke.

Dischler war ein begeisterter Wanderer, der Natur und Witterung unmittelbar erfahren wollte. Auf seinen Erkundungsfahrten entstanden zahlreiche Ölstudien, die durch ihre malerische Spontaneität beeindrucken. Die naturalistischen und präzisen Studien und Skizzen von hoher ästhetischer Qualität dienten ihm als atmosphärische und farbige Stimmungsgrundlage für viele seiner großformatigen Atelierbilder und zeigen, wie sich der Schwarzwald seit der Jahrhundertwende bis in die dreißiger Jahre verändert hat.

Seit dem Ende des 19. Jahrhunderts nutzte er eigene Fotografien als Kompositionsvorlagen, die er mit Diaprojektion direkt auf die Leinwand übertrug. Die meisten seiner Tempera- und Ölbilder sind nach fotografischen Aufnahmen entstanden. Dischler begann zu einer Zeit zu fotografieren, als die Fotografie noch den Experten vorbehalten war, Ausrüstung und Verfahren verlangten einerseits technische Begabung und Geduld, andererseits Erfindungsgabe und Improvisationstalent. Obwohl er passionierter Fotograf mit einer großen künstlerischen Begabung für diese Technik war, hat er sich jedoch ausschließlich als Kunstmaler verstanden.

„Nebel im Thal Sonne auf der Höh'" (Oberibental) | 1904

„Winter im Schwarzwald" (Steinbachtal) | 1905 (S.66/S.67)

H. Dischler. Frbg. 05

Diese Fotografie dokumentiert die künstlerische Haltung Hermann Dischlers: Der Maler soll in der Natur die Natur studieren – ohne sie durch seine Imagination zu interpretieren.
„Beim Thurner“ | *1903*

In seinen Gemälden und Studien gelang es dem Künstler, die tages- oder jahreszeitliche Stimmung mit der jeweiligen Licht- und Farbwirkung exakt wiederzugeben. Dabei entwickelte der Maler ein geradezu wissenschaftliches Interesse am wechselvollen Farbenspiel des Himmels zu verschiedenen Tageszeiten. Und so sind Licht- und Schattenpartien auf seinen Bildern in farbigen Kontrasten flächenhaft gegeneinander abgesetzt. Dischler hat das gleiche Objekt mehrfach im Verlauf der Jahre fotografiert und gemalt. Ein besonders schönes Beispiel ist der *Lenzenhof* (Schwaighöfe in St. Märgen), den Dischler in herbstlicher und in winterlicher Stimmung wiedergab. Zudem ist seine naturalistische Genauigkeit und Detailtreue, mit der er mehrere Höfe und deren Bau- und Schmuckelemente, z. B. den *Glasträgerhof* bei St. Märgen, darstellte, beeindruckend. Und so sind viele seiner Gemälde und Zeichnungen heute Kulturdokumente von unersetzlicher Bedeutung.

Dischler weilte oft in St. Märgen, er liebte den Ort wegen des weiten Ausblicks über die Schwarzwaldlandschaft. In zahlreichen Fotografien, Studien und Ölgemälden hielt er den Klosterort, die umliegenden Höfe und die unmittelbare Umgebung fest. Im Frühjahr 1903 malte Dischler auf dem Thurner, ein Jahr später verbrachte er mit seinem Künstlerkollegen Wilhelm Nagel den Winter in St. Märgen. Dort entstanden reizvolle Naturstudien, die durch den breiten und pastosen, unruhig bewegten Pinselauftrag und durch ihre einfache Komposition und klare Gliederung bestechen. Dischlers Vorliebe für die Darstellung des verschneiten Schwarzwaldes, man nannte ihn auch den *Schneemaler*, spiegelt sich z. B. in dem Gemälde *Winter im Schwarzwald bei St. Märgen* (1905) wider. Zu Beginn der 30er Jahre wählte er erneut St. Märgen als Motiv für großformatige Ölgemälde. Insgesamt hat er den Ort und seine Umgebung auf 62 Kunstwerken festgehalten.

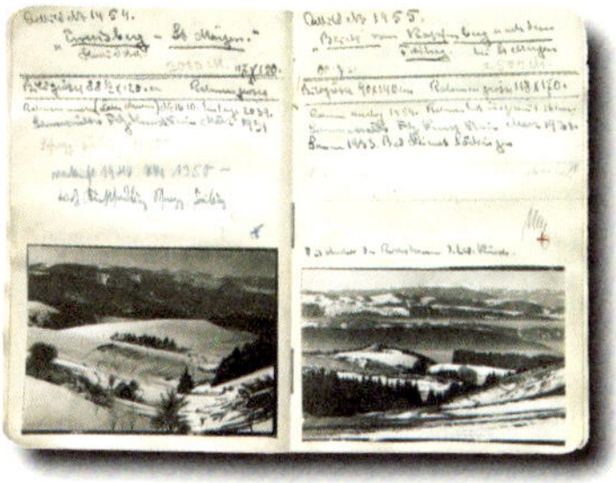

*Dischler hat über seine Gemäldeproduktion genau Buch geführt. In seinen „**Bilderbüchern**" hat er Entstehungsjahr, Titel, Maße und Käufer seiner Werke peinlich genau vermerkt. Fotoreproduktionen ergänzen das Verzeichnis.*

Bild Nr. 1490

Schwarzwald-Morgen (St. Märgen)

~~[illegible]~~ 1931

Bildgröße 83 x 125 1/2 cm. ~~[illegible]~~ 109 x 151.

Kunst Verein Freiburg März 32.
Köln. Ausst. Frühjahr 33. Frankfurt Sommer
Sommer 1933. Mannheimer Kunst Verein

[illegible] RM 1500

[illegible] verkauft 1941

Bild Nr 1491.

„St. Märgen im Schwarzwald.“

Gemalt Nr 1931 Rahmen Zeller

Bildgrösse: 45 x 85. Bild R. 62 x 101. cm

Kunst Verein März 1932 Freiburg
u. im Bürgerzug Schwarzwald Industrie 32–34.

[illegible] 1940 [illegible]

verkauft 1940 RM 450 –

„Dort fand er seine Motive
direkt vor der Haustüre, und dort entstanden
viele seiner schönsten Gemälde."

GUNHILD BIESE

KARL BIESE

Der „Schnee-Biese“

Karl Biese wurde am 19.9.1863 in Wandsbek bei Hamburg geboren. Der Schulzeit schloss sich 1878 eine Lehre als Anstreicher an. Nach der Gesellenprüfung arbeitete Biese als Theatermaler. Neben seinen kunsthandwerklichen Fähigkeiten entwickelte er schon frühzeitig ein ausgesprochen künstlerisches Talent. Daher studierte er, ermöglicht durch ein Stipendium, ab 1883 an der Karlsruher Akademie Malerei und Grafik bei Gustav Schönleber. Drei Jahre später legte er in Hamburg die Meisterprüfung im Malerhandwerk ab und gründete ein Malergeschäft, das er bis 1892 erfolgreich führte. Nebenbei arbeitete Biese als Plakatmaler und schuf Industrie- und Schifffahrtsbilder. 1892 schließlich kehrte er an die Karlsruher Akademie zurück, richtete sich ein Atelier ein und wurde nun

Meisterschüler von Gustav Schönleber. Mit Hans Thoma, bei dem er ebenfalls zeitweise studierte, war er freundschaftlich verbunden. Im Februar 1896 heiratete er, und zwei Jahre später wurde seine einzige Tochter Gunhild geboren.

Die Grötzinger Malerkolonie

Biese war 1896 ein Gründungsmitglied des *Karlsruher Künstlerbundes* und zählte besonders aufgrund seiner künstlerischen Leistungen, die er als Lithograf vollbrachte, zu den herausragenden Vertretern dieser Künstlervereinigung. Seine große Popularität als Steinzeichner verdankte er unter anderem den Illustrationen in den Gedichtbänden des *Deutschen Spielmann*. Mit Friedrich Kallmorgen, Otto und Jenny Fikentscher, Gustav Kampmann und

Karl Biese im Atelier im Haus Eckert (mit Tochter Gunhild)

Das Studium Schwarzwälder Landschaft nutzte Biese auch für Buchillustrationen. Aus **„Der Deutsche Spielmann“** | *1910*

Franz Hein hatte er schon 1888/89 die *Grötzinger Malerkolonie* gegründet. 1899 zog Biese dann in die Augustenburg bei Grötzingen – das romantische Refugium des Künstlerkreises. Hier hatte man sich zusammengeschlossen, um jenseits der staatlichen Akademien gemeinsam die Natur der Umgebung neu zu entdecken und künstlerisch zu erschließen. Von hier aus unternahm Biese zahlreiche Studienreisen, die ihn wiederholt auch in den Schwarzwald führten. 1903 zog er erneut nach Karlsruhe. Eine Berufung an die Kunstakademie Magdeburg lehnte Biese ab, um weiterhin als freischaffender Künstler arbeiten zu können. 1907 schließlich übersiedelte er nach St. Märgen, wo er bis 1909 bleiben sollte.

Biese litt zeitlebens an schweren Depressionen, die ihn oftmals am Malen hinderten. Nach einem längeren Aufenthalt in Blankenese bei Hamburg kehrte der Künstler wieder in den Schwarzwald zurück. Er lebte ab 1911 zunächst in Freudenstadt, ab 1918 dann in Tübingen, wo er am 19.11.1926 starb.

Karl Biese hat sich vor allem als Landschaftsmaler einen Namen gemacht. Ursprüngliche Landschaften waren sein bevorzugtes Motiv und für ihn eine unerschöpfliche Quelle neu zu entdeckender Naturschönheit. Meist wählte er seine unmittelbare Umgebung – die norddeutsche Tiefebene, die Rheinauen, Täler und Höhen um Grötzingen oder Karlsruhe sowie den Schwarzwald – zu seinem künstlerischen Studienfeld. Er schuf großflächige, eindringliche Kompositionen voll poetischer Kraft und entwickelte dabei eine Vorliebe für diffuse Beleuchtungseffekte. Ein differenzierter Blick für malerische Valeurs und atmosphärische Stimmungswerte zeichnen das künstlerische Œuvre Bieses aus.

Wie sein Freund und Malerkollege Hermann Dischler studierte er mit Vorliebe die Phänomene des Schnees in allen Erscheinungsformen und brachte sie auf die Leinwand. Vor allem diese stimmungsvollen Schneebilder des Schwarzwaldes, die beim Publikum überaus beliebt waren, brachten ihm den Namen *Schnee-Biese* ein. Die Zeichnungen *Winterliche Weiten* oder *Verschneite Tannen in der Nacht*, beide in St. Märgen entstanden, sind dafür ein beredtes Zeugnis.

*„**Aufziehendes Gewitter im Schwarzwald**“ Durch starke Hell-Dunkel-Kontraste, dramatische Lichteffekte und raffiniertes Kolorit gelingt es Biese eindrucksvoll, die Atmosphäre vor einem Unwetter einzufangen. Die großformatige Farblithografie (97 x 67 cm) „**Scheidender Tag**“ zeigt die Aussicht auf den Kandel.*

Das Haus Eckert, auf der Postkarte noch als Haus Hettich bezeichnet, in dem Biese in den Jahren 1907–1909 logierte.

Karl Biese in St. Märgen

Bieses Liebe zu der Landschaft des Schwarzwaldes führte ihn 1907 nach St. Märgen. Bereits 1905 hatte er in dem Gemälde *Sommerfrieden* die unmittelbare Umgebung des Klosterortes festgehalten. Bis 1909 lebte der Künstler hier mit seiner Familie im *Haus Eckert,* ehemals *Haus Hettich,* heute *Haus Bachmann.* Das Gemälde *Blick aus dem Esszimmer in St. Märgen* (1907) erinnert an diese Zeit. Gemeinsam mit Hermann Dischler, zu dem er schon seit seiner Grötzinger Zeit enge Kontakte pflegte, suchte er in der Umgebung St. Märgens unbewohnte Hütten auf, um die ihn faszinierenden Winterlandschaften besser studieren zu können. Auf seinen Gemälden und Lithografien begegnen uns vor allem menschenleere Gehöfte inmitten schneebedeckter Felder, eingerahmt von einzelnen Bäumen oder Baumgruppen. Die reduzierte Farbgebung, gebrochene Töne, meist grau-weiß-blau, verleihen diesen Landschaftsausschnitten mitunter eine gedämpfte Stimmung verhaltener Melancholie.

Inspiriert von den waldreichen, weltabgeschiedenen Schwarzwaldhöhen entstanden in St. Märgen besonders viele Landschaftsdarstellungen. Neben einer Reihe von Federzeichnungen für Postkarten oder Kalender schuf Biese beispielsweise die Ölgemälde *Blick vom Zweriberg bei St. Märgen, Sonnige Höhen, Ohmenkapelle, Birkweghof* oder intensiv beobachtete Wetterstimmungen wie *Das Aufziehende Gewitter im Schwarzwald.*

*„**Sommerfrieden**" | 1905. Die Komposition verzichtet auf die bühnenartige Räumlichkeit der akademischen Landschaftsmalerei: Der nur durch Umrisslinien definierte bewaldete Vordergrund trifft unmittelbar auf einen in dunstiger Ferne verlaufenden Horinzont den weiten Himmel. Die gleiche Ansicht des Ohmenbergs fand in der Lithografie „**Sonnige Höhen**" Verwendung.*

„Kirchenmauern
sind von Menschenhand,
der Wald jedoch von Gott."

KARL HAUPTMANN

KARL HAUPTMANN

Der Feldbergmaler

Karl Hauptmann, am 25.4.1880 als zweites von sechs Kindern in Freiburg geboren, entstammte einer Schreinerfamilie. Der Schulzeit schloss sich eine Ausbildung im Handwerk des Dekorationsmalens in München an. In der Isarmetropole und in Nürnberg besuchte er kleine private Kunstschulen, die ihm das Rüstzeug für sein zukünftiges künstlerisches Schaffen vermittelten.

1906 hatte er in Freiburg die Krankenschwester Maria Magdalena Buzengeiger geheiratet, ein Jahr später, im September 1907, wurde der einzige Sohn Arthur geboren. Im 1. Weltkrieg diente Hauptmann zunächst bei den Gebirgsjägern, anschließend bei der Artillerie in Belgien. Nach Kriegsende zog sich Hauptmann auf die einsamen Höhen des Schwarzwaldes zurück, während Frau und Sohn in Freiburg

Karl Hauptmann „en plein air", vermutl. in den 20er Jahren. Zahlreiche Fotografien suggerieren, Hauptmann habe seine Gemälde unter freiem Himmel begonnen und vollendet. Zeichnerische Vorstudien, im Atelier weiter verarbeitet, waren ebenfalls eine beliebte Methode, um sich an der Natur zu orientieren.

blieben. Als *Herzog vom Horn*, wie er sich gelegentlich selbst bezeichnete, lebte er am Feldberg oberhalb der Grafenmatte am Fuße des Herzogenhorns. Der Natur- und Bergfreund liebte das Einsiedler-Dasein fernab von jedem Rummel des Alltags- und Familienlebens. Die Einsamkeit der Natur auf den Höhen der Berge wurde ihm eine Quelle der künstlerischen Inspiration.

Der Herzog vom Horn

Hauptmann war nie Mitglied einer Künstlervereinigung. Dennoch war er kein Einzelgänger. Als begeisterter Skifahrer nahm er gern an Skirennen, Bergfesten oder anderen sportlichen Veranstaltungen teil und unternahm ausgedehnte Maltouren in die Täler und Höhen der unmittelbaren Umgebung. Im Januar 1928 wurde unter seiner Führung die *Rettungsmannschaft Feldberg* (Bergwacht) gegründet, bei der er zehn Jahre aktives Mitglied war.

*„**Der Glasträgerhof**". Die Höfe rund um St. Märgen, eingebettet in stimmungsvoller Winterlandschaft, sind vor allem in den 20er und 30er Jahren ein beliebtes Sujet Hauptmanns.*

Die Spezialisierung auf Schwarzwaldsujets – zumeist Landschaften mit den landestypischen Höfen – zahlte sich für Hauptmann aus: Seine Bilder fanden auch in den entbehrungsreichen Kriegsjahren Abnehmer.

Seine Freunde nannten ihn den *Moler Karle*. Dieser hatte 1916 begonnen, seine private *Kunst-Chronik* zu führen: ein ledergebundenes, eisenbeschlagenes Buch, das neben eigenen Zeichnungen, Aquarellen und Gouachen auch Werke befreundeter Künstler enthält.

Sein *Molerhüsli* am Feldberg war nicht nur Wohnsitz und Atelier, sondern auch ‚Ausstellungsraum' und wurde bald zu einem beliebten Treffpunkt für Freunde, Studenten oder Wanderer. Besucher aus ganz Deutschland oder der Schweiz haben nicht selten die Gelegenheit genutzt, Gemälde vor Ort auszusuchen oder ein von ihnen gewünschtes Motiv zu bestellen. Seine Kunstwerke fanden regionale und überregionale Verbreitung durch Kunsthändler in Freiburg, Frankfurt a. Main, Hannover oder Berlin. Seine Zeichnungen und Gemälde erreichten ein breites Publikum auf Postkarten und Kalenderblättern oder als Kunstdrucke.

Nach 1937 musste der *Feldbergmaler* zu einem längeren Krankenhausaufenthalt nach Freiburg. Er litt an einer Erkrankung der Herzgefäße und des Herzmuskels. In den vierziger Jahren reiste er oft nach Italien, besuchte u. a. Verona, Mailand, Genua, Rom oder Neapel und verbrachte bis zu seinem Tod jährlich mehrere Wochen in St. Märgen.

Von München aus schickt Gustav Traub 1942 einen gezeichneten Gruß, der die „freiwillige Verbannung" Hauptmanns in den Schwarzwalds karikiert.

Wie viele andere Maler auch war Hauptmann Mitglied in der *Reichskulturkammer der Bildenden Künste*, um im Dritten Reich weiterhin künstlerisch tätig sein zu dürfen. Seine stimmungsvollen und idealisierenden Landschaften trafen den allgemeinen Zeitgeschmack und verkörperten gerade nach Kriegsbeginn die Sehnsucht der Menschen nach einer heilen Welt. 1940 schrieb er an seinen Sohn, dass er sehr viel zu tun habe und mit den Bestellungen kaum nachkäme. Er starb am 7. April 1947 in seinem Molerhüsli. Auf dem Friedhof Gschwend erinnert ein Findling an den Feldbergmaler.

Hauptmann hatte schon als junger Maler die Berge für sich entdeckt. Die Zeichnungen und Gemälde, die während seiner Militärzeit entstanden, zeugen von der Begeisterung des Künstlers für die Alpen. Seit Ende des Krieges hatte Hauptmann dann seinen persönlichen Stil gefunden, den er konsequent beibehielt. Stilistisch orientierte er sich an Werken von Landschaftsmalern der sog. *Münchner Schule*, deren Werke er während seiner Ausbildung an privaten Kunstschulen kennen lernte. Charakteristisch ist die Illusion von Räumlichkeit durch eine überdeutliche Trennung der Bildebenen, die durch Lichtatmosphäre und Luftperspektive bühnenbildartig als Vorder-, Mittel- und Hintergrund markiert werden. Namentlich sind die Einflüsse von Adolf Heinrich Liehr (1826-1882) vor allem im Frühwerk Hauptmanns nachvollziehbar.

*„**Glasträgerhof**", als Gemälde (S. 96) und zeichnerische Vorstudie.*

Ruine „Gasthof Hirschen". „Rankmühle bei St. Märgen" | *1926*

Er hat sehr viel in Öl gearbeitet und seine Gemälde sind größtenteils vor Ort in der Natur und zu jeder Jahreszeit entstanden. Die Zeichnungen und Skizzen, die er in der Natur anfertigte, dienten ihm auch mehrfach als Grundlage für spätere Ölgemälde.

Kein anderes Thema hat Hauptmann so häufig beschäftigt wie die Landschaften des Schwarzwaldes mit ihren Höfen, deren Charakteristikum rauchende Schornsteine sind, wie sie uns auf dem Gemälde *Frühling im Kandelgebiet* (1938) begegnen. Der Winter war ohne Zweifel die bevorzugte Jahreszeit des Künstlers. Die plastische, fast körperhafte Wiedergabe des Schnees, hervorgerufen vor allem durch bewusste Licht- und Schattensetzung, d.h. die sichtbare Reflektion des Lichtes im Schnee, lassen die Gemälde lebendig und wirklichkeitsnah erscheinen, wenngleich der darstellerische Duktus mitunter unwirklich pittoresk und arrangiert wirkt.

Karl Hauptmann in St. Märgen

In den 40er Jahren weilte Hauptmann mehrfach in St. Märgen, bevorzugt im Frühjahr und Herbst. „*War bis Ende März in St. Märgen und habe dort gute Studien gemacht, die ich nun langsam verwerte*", teilte er seinem Sohn in einem Brief vom 11.4.1943 mit. Im *Hirschen* wohnte und arbeitete der Künstler. Der Gasthof brannte während Hauptmanns Aufenthalt 1943 bis auf die Grundmauern nieder, sämtliche seiner dort begonnenen und vollendeten Gemälde und Aquarelle wurden vernichtet. Hauptmann hat die Ruinen des *Hirschen* in einer Zeichnung festgehalten. Den Jugendstilsaal des exklusiven Hotels *Goldene Krone* schmückten einige seiner großformatigen Ölgemälde. Karl Hauptmann lernte in St. Märgen u.a. 1934 den Karlsruher Maler Camill Macklot kennen, der vorrangig Bildnisse und Stillleben in altmeisterlicher Manier geschaffen hat. Eng befreundet war er auch mit Gustav Traub. Die Künstler trafen sich im Hotel *Goldene Krone* oder auch im *Hirschen*. Im Gegensatz zur Einöde auf dem Feldberg konnte Hauptmann hier typische Schwarzwaldhöfe studieren. Insbesondere der Glasträger- und Luxhof hatten es ihm angetan. 1942 entstanden seine Zeichnung *Luxhof St. Peter* und das Gemälde *Sommertag bei St. Märgen*, das ebenfalls das Gebäude des Luxhofes mit anderen Nebengebäuden und einer anderen Hintergrundlandschaft zeigt. Das Gemälde *Sommertag im Kandelgebiet* gibt erneut diesen Landschaftsausschnitt wieder. Oft malte er auch den Ort selbst. Die Ansicht der von den Doppeltürmen der Klosterkirche dominierten Gemeinde von Norden aus zeigen zwei großformatige Gemälde. Der Standpunkt des Malers war das *Landfeld* unterhalb der *Rankmühle*. Auf dem Bild *St. Märgen* (1931) sehen wir den Ort eingebettet ins Schwarzwaldgebirge. In der Ferne thront das Feldbergmassiv. Eine Ansicht übrigens, wie sie sich, von den idyllischen Überzeichnungen abgesehen, noch heute bietet.

„St. Märgen“ | 1931

„Die innere Musikalität
der Konturen und Flächen
treibt mich zur Gestaltung."

GUSTAV TRAUB

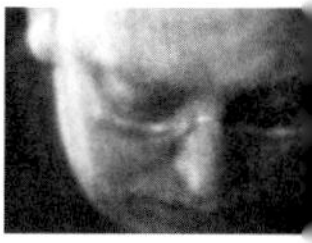

GUSTAV TRAUB
Gebrauchsgrafiker, Illustrator, Landschaftsmaler

Gustav Traub wurde am 23.2.1885 in der Stadt Lahr (Baden) geboren. Nach der Lehre bei einem Malermeister besuchte er zwei Jahre die Kunstgewerbeschule Karlsruhe. Ein längerer Studienaufenthalt führte ihn nach Paris. Ab 1911 wohnte er in München. Traub war Autodidakt und hat nie eine Kunstschule oder Akademie besucht. Wie vielen der späteren ‚*Schwarzwaldmaler*' war Hans Thoma auch ihm das künstlerische Vorbild. Er begann in München als freier Grafiker. Sieben Jahre arbeitete er als Zeichner für die *Meggendorfer Blätter,* seit etwa 1918 für die *Fliegenden Blätter.* 1939 wurde Traub in München von Adolf Hitler ohne Anbindung an ein Amt der Professorentitel verliehen. Aus diesem Anlass wurden seine Bilder 1939 auf einer Gesamtausstellung in seiner Geburtsstadt Lahr gezeigt. In seinem Todesjahr fand dort eine Gedächtnisausstellung statt. Während des Zweiten Weltkrieges fielen sein Heim und das Atelier in München einem Bombenangriff zum Opfer. In St. Märgen fand er eine neue Heimat. Er lebte und arbeitete hier bis zu seinem Tode am 16. Mai 1955.

Vom Werbegrafiker zum Landschaftsmaler

Traub begann seine künstlerische Laufbahn als Grafiker. Er hat eine Fülle von fantasievoller Gebrauchsgrafik geschaffen: Exlibris, Tisch- und Festkarten, Glückwunschkarten oder andere Gelegenheitsarbeiten. Die reizvollen Grafiken und Karikaturen sind reich an Anspielungen und Bezügen; etwa auf seinen Freund Hauptmann (*Siehe S. 95*). Als Buchillustrator schuf er u. a. Radierungen für Novellen von Gottfried Keller.

*Die Zeichnungen zu Gottfried Kellers „**Sieben Legenden**" aus dem Jahr 1923 dokumentieren Traubs illustrative Fähigkeiten: komplexe figürliche Darstellungen, die mit dekorativen Hintergründen zu einer eigenwilligen Komposition zusammengefasst werden.*

Man nannte Traub gern einen deutschen Romantiker. Als Grafiker und Illustrator stand er Ludwig Richter nahe und wurde von seinem Freund, dem Maler und Grafiker Ferdinand Staeger, beeinflusst. Ebenso wie Richter verwendete Traub märchenhafte Motive, verwoben in geheimnisvolle und zauberhafte Landschaften, die von Sagen und Märchen erzählen. Seine grafischen Blätter zeugen von Fantasiereichtum und seiner ausgeprägten Begabung für das Dekorative.

Der Künstler liebte die so genannte *‚volkstümliche'* Malerei und war damit ausgesprochen erfolgreich. Seine Gemälde waren in den 20er und 30er Jahren sehr bekannt und wurden immer wieder als Reproduktionen in vielen deutschen Zeitungen wiedergegeben. Museen und Grafische Sammlungen, vor allem in München, kauften seine Werke. Aber die meisten seiner Gemälde, die in idealisierender und unkritischer Weise die Schwarzwaldlandschaft wiedergeben, befanden sich in Privatbesitz.

Traub arbeitete selten mit Skizzen, Naturstudien waren ihm lediglich Ausgangspunkt für großformatige, so genannte *‚fertige'* Ölgemälde, die die Handschrift des Malers nicht mehr sichtbar machen. *„Aus der Fülle des Studienmaterials"*, schrieb der Maler, *„finde ich zuweilen etwas, das mich zum Malen zwingt."*

*„**Rainerhof**" | 1950.*
Die Aquarellstudie diente als Vorarbeit zu einem Ölbild.

Landschaft bei St. Märgen (Glashütte)

Er malte mit schweren dunklen Farben, vorzugsweise dunkelgrün und braun, und stellte den Wald in seiner massigen, fast klotzigen Wucht und seiner geheimnisvollen Undurchdringlichkeit dar. Immer ging er von der fest umschriebenen Form aus und vereinfachte sie in großlinig-monumentalem Umriss. Traub prägte die kennzeichnende Wesenslinie der Landschaft in der Vertikale und gab ihr dann seine gedämpften, tonigen, in den Valeurs sorgsam schattierten und nie mit grell leuchtenden Kontrasten wirkenden Farben. Dabei gelang ihm mitunter eine Art mystischer, räumlicher Tiefe. Der Maler schöpfte aus einer schlicht-ungebrochenen Religiosität, aus einem christlichen Naturgefühl heraus und malte religiöse Motive, wie etwa die Geburt Christi zu Betlehem als *Die heilige Nacht im Schwarzwald*.

In seinen Gemälden ging es ihm weniger um die Kompositionsmittel Farbe und Licht als mehr um das Inhaltliche – die ursprüngliche Natur des Schwarzwaldes. Gelegentlich stellte er Bauernhöfe dar, weil ihn deren Eingebundenheit in die Landschaft beeindruckte. Die soziologische Funktion der Höfe dagegen interessierte ihn weniger, nie dominiert in seinen Werken der Mensch über die Natur.

*„**Zeit der Apfelblüte**“ | 1948. Die abgebildete Szenerie im Steinbachtal ist heute nur noch schwer nachzuvollziehen, da das sog. „Vogelhäusle“ in den 50er Jahren abgebrannt, das Gelände mittlerweile aufgeforstet ist. „**Bergtanne**“ (S. 108)*

Heimatliebe und Idyllenzauber – eine ‚Liason dangereuse'

Traubs Malerei und Grafik entsprach aufgrund ihrer als mystisch interpretierbaren Einfachheit dem Kunstideal der Nationalsozialisten. 1937 war er mit vier Ölgemälden, 1938 mit drei auf der berüchtigten *Großen Deutschen Kunstausstellung* im *Haus der Deutschen Kunst* in München vertreten. *„Es geht wie von fernem Dom verwehtes Glockenläuten durch Gustav Traubs stille Landschaften"*, schreibt die *Badische Chronik* der Freiburger Zeitung im November 1938. *„Wir verstehen es, daß sie es dem Führer besonders angetan haben."* – In der Tat kaufte Adolf Hitler, der Schirmherr der Ausstellungen, 1937 und 1938 die beiden Ölgemälde *Das weite Tal* und *Das Loisachtal mit der Zugspitze.*

Seine künstlerische Inspiration zog Traub aus der Landschaft selbst. Er versuchte stets, deren Magie spürbar zu machen. Auf seinen Gemälden begegnen uns lehmfarbene Talgründe, satte Wiesenhänge am Bach, mächtige Bäume auf Bergeshöhen, denen ein zeitlos-vegetatives Moment anhaftet. In seiner Malerei suchte er das natürliche Gefühl für die Schönheit der Heimat zu bewahren.

Traub versuchte an Vorbilder aus dem 19. Jh. anzuknüpfen. Das Gemälde in der Manier Hans Thomas zeigt eine freie Interpretation der Landschaft in der Nähe der Schweighöfe. vermutl. aus den 40er Jahren

Gustav Traub trägt sich 1939 anlässlich einer ihm gewidmeten Ausstellung in das Goldene Buch der Stadt Lahr ein. Die Teilnahme an der Gesamtschau der regimekonformen Künstler im Haus der Kunst in München und die Verleihung der Professur brachte ihm auch in seiner Heimatstadt große Reputation ein.

Gustav Traub im Schulerhaus in St. Märgen

1942 hatte sich Traub in St. Märgen im Haus des Frisörs Julius Schuler, der Gästezimmer vermietete, eine Wohnung mit Atelier eingerichtet. Das *Schulerhaus* sollte ab 1960 dem Künstler Amandus Goetzell als Atelier dienen, heute lebt und arbeitet hier Peter Dreher. Nach dem Tode Traubs hatte die Ehefrau Schulers Skizzen und Zeichnungen des Künstlers, die als Ausschuss betrachtet wurden, gerettet, so dass sie nicht in Vergessenheit gerieten. Sie hängen heute in den Gasträumen des *Hirschen* neben anderen Landschaftsbildern Traubs, die die Umgebung St. Märgens zeigen.

„In einer einzigen Nacht
können unzählige andere Nächte sein.
Die reifen alle nur einen einzigen Morgen."

RUTH SCHAUMANN

RUTH SCHAUMANN

Die malende Dichterin

Ruth Schaumann wurde am 24.8.1899 als das zweite Kind der Eheleute Curt Schaumann und Elisabeth (geb. Becker) in Hamburg geboren. Ihre ersten sechs Lebensjahre verbrachte sie im Elsaß, dann zog die Familie für sieben Jahre zurück nach Uelzen. Zwei Jahre lebte Ruth anschließend in Lahr im Schwarzwald. Ihr Vater, ein preußischer Kavallerieoffizier, fiel im 1. Weltkrieg. In Folge einer schweren Scharlacherkrankung verlor sie 1905 im Alter von sechs Jahren innerhalb von drei Tagen das Gehör. Deshalb erhielt das hoch begabte Kind nach kurzem Schulbesuch an einer höheren Töchterschule aus gesundheitlichen Gründen nur noch Privatunterricht. 1917 übersiedelte sie nach München und besuchte die *Lehr- und Versuchs-Ateliers für freie und angewandte Kunst,* 1918 bis 1920 die Kunstgewerbeschule. Hier absolvierte sie als Meisterschülerin von Joseph Wackerle eine Ausbildung als Bildhauerin. Seit 1920 arbeitete Ruth Schaumann im eigenen Atelier. Im gleichen Jahr erschien ihr erster Gedichtband *Die Kathedrale*. 1923 fand sie zur Zeichenkunst, 1927 zum Holzschnitt, zwei Jahre später zur Malerei.

Das Bronzerelief „Schutzmantelmadonna."

Dr. Friedrich Fuchs und Ruth Schaumann in den 20er Jahren.

Die tief religiöse Künstlerin wurde rasch populär. Neben Anfragen für Zeichnungen, Farbblätter, Holz- und Scherenschnitte erhielt sie vor allem bedeutende Aufträge für Sakralplastiken, wie z.B. Madonnen, Kruzifixe oder Heiligenfiguren. Dabei blieb sie dem Schreiben immer treu. 1924 konvertierte sie zum Katholizismus und begann mit der Publikation religiöser Lyrik.

Aus der 1924 geschlossenen Ehe mit dem Altphilologen, Romantikforscher und Redakteur der katholischen Zeitschrift *Hochland, Monatszeitschrift für alle Gebiete des Wissens, der Literatur und der Kunst,* Friedrich Fuchs (1890-1948), gingen fünf Kinder hervor (Peter, Esther, Judith, Ursula, Andreas) – Anlass für zahlreiche Liebes-, Wiegen- und Kinderlieder.

Bestimmendes Vorbild für Bild- und Formsprache Schaumanns bildnerische Werke ist die Kunst des Mittelalters. Die persönliche Religiösität der Künstlerin stellt sich so in der Tradition der Mystik dar. Die Illustration für ein Messbuch ist romanischen Buchmalereien nachempfunden.

Das Dritte Reich veränderte das Leben der Familie und führte zu einer gewissen Isolierung, denn besonders Friedrich Fuchs lehnte die Politik der Nationalsozialisten radikal ab. 1935 verlor er seine Arbeit als Redakteur der Zeitschrift *Hochland* und arbeitete fortan als Privatgelehrter und Herausgeber der Briefe von Clemens und Bettina Brentano. Die Familie lebte nun vom Einkommen der Mutter. Die Kunst Ruth Schaumanns wurde während der Zeit des Nationalsozialismus sehr widersprüchlich aufgenommen. Manche ihrer Gedichte sind verschlüsselte Auseinandersetzungen mit der Unmenschlichkeit des Faschismus, so dass auch einige ihrer Werke verboten wurden. Andererseits wurde ihr Roman *Der Major*, die Geschichte vom Leben und Sterben Jobst von Malachans (1935), vom Oberkommando der Wehrmacht als Soldatenlektüre empfohlen.

Ruth Schaumann erhielt 1931 als erste Frau den Dichterpreis der Stadt München, 1959 das Bundesverdienstkreuz 1. Klasse, 1960 den *Goldenen-Kogge-Ring* der Stadt Minden und 1964 den Bayerischen Verdienstorden. Die Schriftstellerin und Künstlerin, die heute fast vergessen ist, starb am 13. März 1975 in München.

Spiritualität und Poesie

Schaumann begann schon als junges Mädchen zu schreiben, überwiegend Poesie. Ihr 1920 veröffentlichter Band *Die Kathedrale* zeigt bereits den Weg, den sie als Dichterin gehen sollte, einen Weg, der sie zum Katholizismus führte. Frömmigkeit wurde ihre Lebensgrundlage und spiritueller Rückhalt, aus dem sie Kraft schöpfte. Immer mehr wurde die zutiefst in der Sphäre des Religiösen wurzelnde Ausrichtung der Künstlerin deutlich, die vor allem in ihrem plastischen Œuvre Ausdruck findet.

Bereits in Schaumanns Frühwerk finden sich fast ausschließlich religiöse Sujets. „Die Nachtwache"

Sie war eine außergewöhnlich produktive und vielseitige Künstlerin und hatte als Schriftstellerin und Bildhauerin frühzeitig Erfolg. Sie schrieb Romane, Novellen, Märchen, Gedichte und Legenden, Kinderbücher – insgesamt mehr als 90 Bücher. Ihre Gedichte, in der Tradition der Romantik verwurzelt, mit zum Teil sehr volkstümlichem, volksliedhaftem Charakter, wurden oft vertont. Die autobiografische Kindheitsgeschichte *Amei* (1932, erweitert 1949), zählt zu ihren bekanntesten und erfolgreichsten Büchern – ebenso der Roman *Der Major*. Wie in *Amei* entsteht hier aus eine Fülle kleiner, fast novellenhafter Einzelbilder die lebendige Szenerie der Vorkriegswelt des deutschen Offiziersdaseins, in die Ruth Schaumann hineingeboren worden war.

Kunst und Handwerk

Ruth Schaumann malte mehr als tausend Bilder in Öl, schuf Aquarelle, Federzeichnungen und Radierungen, Holz-, Linol- und Scherenschnitte. Es entstanden Werke der Glasmalerei und Skulpturen und Statuetten in Holz und Stein. Neben ihren zahlreichen religiösen Bildwerken fertigte sie Zeichnungen und Entwürfe für die Berliner Porzellanmanufaktur.

*Manchmal lässt sich in Schaumanns Werk auch die Auseinandersetzung mit innovativeren Zeitgenossen erahnen. Ist die kontrapostische Schrittstellung des „**St. Franziskus**" noch einem akademischen Stil verpflichtet, zeigen die Stilisierungen von Gewand und Physiognomie durchaus expressionistische Tendenzen. „**Die Verkündigung**" zeigt deutlich den Einfluss Ernst Barlachs.*

116

Der Holzschnitt greift den Bildtypus der St. Märgener Gnadenbilddarstellungen auf (Siehe S. 20), beschränkt sich aber im Gegensatz zu den Druckgrafiken des 18. Jahrhunderts auf die wesentlichen Charakteristika. Die Schematisierung der Figur durch die Prunkummantelung wird in der derben Holzschnittinterpretation zur reizvollen Abstraktion. Manche der privaten Auftragsarbeiten verzichten auf die üblichen religiösen Sujets, sondern spielen auf den persönlichen Lebensbereich der Kunden an. ***„Die Hirschenkinder"*** | *1945*

Familie Schaumann (mit der Mutter der Künstlerin) im Haus Sonnhalde. Vermutl. 40er Jahre.

Die Sprache in ihren Romanen, Erzählungen und Gedichten mutet dem heutigen Leser etwas sentimental und gefühlsbetont an. Ihr Stil wirkt fast wie eine Kunstsprache. Dennoch gelingt es ihr, menschliche Empfindungen durchsichtig werden zu lassen und die Erscheinungswelt der Natur in einer Art entrückten Wirklichkeitsnähe darzustellen. Ruth Schaumann neigte zu mystisch-märchenhaften Typisierungen von Zeit und Personen und arbeitete selten mit den Gestaltungselementen realistischer Prosa und Poesie. Stilistisch stand sie den expressionistischen Dichtern ihrer Zeit nicht nahe, war jedoch befreundet mit dem expressionistischen Dichter und Mitbegründer der Dada-Bewegung Hugo Ball und der Dichterin Emmy Hennings. In ihren literarischen und künstlerischen Werken steht die Suche nach dem Sinn des Lebens und die Ehrfurcht vor allem Lebendigen im Vordergrund. Ihre Gedanken kreisen in sensiblen und poetischen Bildern um Themen, die das Herz der Menschen beschäftigen: Ewigkeit und Vergänglichkeit, Liebe, Hoffnung, Geburt und Tod, Glaube und Vertrauen.

Ruth Schaumann in St. Märgen

Von März 1943 bis August 1946 lebte Ruth Schaumann mit ihrer Familie in St. Märgen im *Haus Sonnhalde*. Hier entstanden einige ihrer bekanntesten Werke wie die Romane *Die Karlsbader Hochzeit, Die Taube,* die Novelle *Solamen* sowie zahlreiche Gedichte. Die 163 Gedichte des Bandes *Ländliches Gastgeschenk* sind *„Den St. Märgener Freunden gewidmet"*. Die Verse, in St. Märgen niedergeschrieben, spiegeln den starken Eindruck wider, den der kontemplative Ort bei der Dichterin hinterließ. Sie schuf hier mehr als 50 Holzschnitte, etwa 80 Tempera-Gemälde und 10 große Scherenschnitte.

Im St. Märgen der Kriegs- und Nachkriegszeit ernährte Ruth Schaumann ihre Familie u.a. durch kleine dekorative Arbeiten wie Scherenschnitte, die St. Märgener Familien bei ihr in Auftrag gaben. Die Abbildung zeigt die Künstlerin mit ihren Kindern Judith und Ursula.

*„Denn ob etwas ein Leben werden kann,
das hängt nicht von den großen Ideen ab,
sondern davon, ob man sich aus ihnen
ein Handwerk schafft, ein Tägliches,
Etwas, was bei einem aushält bis ans Ende"*

RAINER MARIA RILKE

URSULA SCHRUMPF
Holzbildhauerin

Ursula Schrumpf wurde am 4.10.1924 als Tochter von Katharina Kemnitz und des Inspektors Walter Laaß geboren. Nach dem Abschluss an einer Leipziger Realschule folgte ab 1941 das Studium an der Staatlichen Schnitzschule in Empfertshausen in der Rhön. Studieninhalt sind alle Techniken plastischen Gestaltens: Modellieren, Gießen, Schnitzen mit Ton, Gips und Holz. Aktzeichnen und die Einführung in die Grundtechniken der Druckgrafik ergänzten das Fachspektrum. 1944 erlangte die Studentin ihren Abschluss als staatlich geprüfte Bildhauerin. Im April des gleichen Jahres weilt sie zum ersten Mal in St. Märgen. Nach dem Krieg bildete sich die angehende Künstlerin in Zella/Rhön bei dem Akademischen Bildhauer Rupert Gehring und an der wiedereröffneten Schule in Empfertshausen weiter. Der neue Leiter, Wilhelm Löber, war ein Schüler des Expressionisten Gerhard Marcks. Zwar versuchte die Schnitzschule an die regionale Holzschnitztradition anzuknüpfen, ging aber mit ihren gestalterischen Ansprüchen über das Kunsthandwerk weit hinaus. Trotz des nationalsozialistischen Kunstzensus machte Direktor Erich Sperling die Studierenden mit einer zeitgemäßen Auffassung plastischen Gestaltens vertraut. – So wurden mit Rodin, Lehmbruck, Maillol und Barlach auch Vorreiter der Moderne studiert.

„Aktfigur" | 1944
(Prüfungsarbeit)
Höhe: 160 cm
Birnbaumholz

Die Werkstatt der Künstlerin im ***Haus Schuler****, Wagensteigstr. 4*

Der unterschiedliche Abstraktionsgrad von Ursula Schrumpfs Arbeiten ergibt sich weniger aus dem Unterschied zwischen Auftrags- und freier Arbeit als vielmehr aus dem Bedürfnis, sich in den Möglichkeiten, die zeitgenössisches Denken auf künstlerischem Gebiet eröffnet hat, auszudrücken: Die heutige Freiheit, die Grenzen bisherigen Kunstschaffens zu durchbrechen und dem Künstler die ganze Breite seiner Möglichkeiten ohne Rücksicht auf formale Einschränkung zu ermöglichen, findet sich seit langem in ihrem Werk. Dabei verlässt sie nicht ihre durch Material und künstlerische Verantwortung vorgegebene Glaubhaftigkeit. Aus der Herausforderung, scheinbar anspruchslose, einfache Objekte wie Backmodeln, Brakteate (einseitig geprägte Münzen) und Siegel zu gestalten, bezog die Bildhauerin Anregung. Die Originalität ihrer meist kleiner dimensionierten, fast unscheinbaren Arbeiten verweigert sich einer Rubrizierung unter Kunst oder Kunsthandwerk.

Ihr Wort vom *„gebackenen Brot"* als Ergebnis ihrer Arbeit charakterisiert den Anspruch, auch bei großer Abstraktion die Anbindung an die gegenständliche Welt des noch immer Fassbaren, wenn auch in einem ganz anderen Bereich, sich zu erhalten. Ihre Puppen, die auf den ersten Blick biedermeierlich dekorativ wirken, zeigen in ihrem Sinn für Physiognomie und Ausdruck und in den selbstgenähten Kleidern skulpturales Empfinden. Von hier über die emblematischen Blumenskulpturen und die geklärt-verdichteten Krippenfiguren bis

*„**Wasserfall**" | 1967*
Höhe 26 cm, Zirbelkiefer.
*„**Frau mit Kind**" | 1973*
Höhe 53 cm, Lindenholz.

„Madeleine“ | 1988. Höhe 48 cm, Lindenholz, farbig gefasst.

Das überhöhende Darstellungsstereotyp der klassizistischen Büste kontert die Künstlerin ironisch mit karikierenden Gesichtszügen. Delikat wird der Kontrast von detailreichem biedermeierlichem Kopfputz mit flächigen, glattpolierten Gesichtspartien ausgereizt.
„Großer Puppenkopf“ | 1978

hin zu den fast ungegenständlichen Arbeiten ist die verantwortungsvolle, sich selbst treu bleibende Bildhauerin zu erkennen. Ihr Lebensweg orientierte sich zielgerichtet auf ihre Arbeit, ihre Familie und auf St. Märgen: 1947 bot sich die erste Gelegenheit, an einer Ausstellung thüringischer Künstler auf Schloss Elisabethenburg in Meiningen teilzunehmen. Noch im selben Jahr floh sie aus der sowjetischen Zone zusammen mit ihrem ehemaligen Mitschüler Viktor Schrumpf in dessen Heimatort St. Märgen. Nach der Heirat 1948 wurden bis 1955 vier Kinder geboren. Existenzgrundlage der jungen Familie wurde eine gemeinsame Werkstatt im Klosterhof 8. Aus dieser gingen Plastiken und Gebrauchsgegenstände hervor. Nach der ersten Anerkennung durch eine Ausstellung im Augustinermuseum in Freiburg nahm die mittlerweile allein arbeitende Ursula Schrumpf an zahlreichen Ausstellungen in Südwestdeutschland, u.a. im Landesgewerbeamt Karlsruhe, teil.

In der Tradition des Kunsthandwerkes steht diese Backmodel, die durch die handwerkliche und gestalterische Qualität von einem Gebrauchsgegenstand zu einem Schmuckstück aufgewertet wird.
***„Holzmodel (6 Medaillons)"** | 1985*
21 x 13 cm | Birnbaumholz.

Über ihre Beziehung zu St. Märgen schreibt Ursula Schrumpf: *„Die Postkartenschönheit St. Märgens reichte schon vor dem Krieg bis nach Leipzig. Sie war auf einer Ansichtskarte zu sehen, die ich dort in einem kleinen Buchladen erwarb. Die Lithografie einer Winterlandschaft um St. Märgen von Kunstmaler Karl Biese beeindruckte mich ebenfalls schon in meiner Kindheit. Der Ort, wo diese Eindrücke herkamen, hatte für mich damals noch keinen Namen. Er wurde mir bewusst, als ich 1944 (...) das erste Mal St. Märgen erreichte. Eine gemeinsame Lehrzeit in der Rhön mit dem St. Märgener Holzbildhauer und späteren Ehemann Viktor Schrumpf hatte die Verbindung zum Ort geschaffen, die schließlich bis heute dauert."*

Ursula Schrumpf stand im Austausch mit allen wichtigen Künstlern, die von den 40er Jahren bis in die Gegenwart in St. Märgen arbeiteten. Sie unterhielt Beziehungen zu Ruth Schaumann, Roland Litzenburger und dem zum Kreis ihrer Familie gehörenden Viktor Schulte. Mit Gustav Traub und Prof. Amandus Goetzell war sie persönlich bekannt.

*„**Zweisamkeit**“ | 1993. Höhe 50 cm, Bergfichte.*

„Von außen kommt die Anregung,
aber immer führt Gott
die Entscheidung herbei."

ENGELBERT KREBS

ENGELBERT KREBS

Dogmatiker, Priester,
Wissenschaftler und Seelsorger

Engelbert Krebs wurde am 4.9.1881 in Freiburg geboren. Nach dem Besuch des Gymnasiums studierte er in Freiburg und München Theologie, Geschichte und Philosophie. Bereits mit 22 Jahren wurde er zum Doktor der Philosophie promoviert, und er erlangte 1910 die theologische Doktorwürde. Am 4. Juli 1906 empfing er in St. Peter die heilige Priesterweihe, ein zweijähriges Vikariat in Oberkirch in der Ortenau schloss sich an. Zwischen 1908 und 1910 studierte Krebs in Rom und war Kaplan am Campo Santo. 1911 habilitierte er sich in Freiburg für Dogmatik und arbeitete dort zunächst als Privatdozent. Im Juni 1919 erhielt Krebs den Ruf auf den ersten dogmatischen Lehrstuhl der Universität Freiburg und wirkte bis 1933 hier als Ordinarius. Krebs war ein kompromissloser Gegner des Nationalsozialismus.

Seine traditionelle Einstellung in Fragen der Religion, hinderten Hochwürden Krebs nicht daran, das damals noch exklusiv moderne Privileg motorisierter Mobilität sichtlich zu genießen. „Das kleine Wunder fährt Berge rauf, wie andere runter".

Die Nationalsozialisten entfernten den engagierten Theologen 1936 aus seinem Lehramt, ein Jahr später wurde er als Ordinarius entlassen. 1943 wurden ihm Kanzel, Beichtstuhl und die öffentliche Feier der Messe verboten. 1945 rehabilitiert, konnte er wegen einer schweren Erkrankung sein Lehramt nicht wieder aufnehmen und musste sich 1946 emeritieren lassen. Er starb am 29. November 1950 in Freiburg.

Ein weltmännischer Einsiedler

Engelbert Krebs zählt zu den Persönlichkeiten, die in der 1. Hälfte des 20. Jahrhunderts mit einer wegweisenden Dogmatik das Gesicht der Freiburger Theologischen Fakultät geprägt haben. Seine Popularität verdankte er vor allem seinem Wirken als Verfasser zahlreicher wissenschaftlicher und religiöser Schriften, als engagierter Seelsorger, mitreißender Prediger, aufgeschlossener akademischer Lehrer und als kenntnisreicher Heimatschriftsteller. Nicht nur in der katholischen Welt schätzte man ihn als hervorragenden Wissenschaftler und Botschafter abendländischer Kultur.

Der Erste Weltkrieg veranlasste ihn zu einer Reihe von Veröffentlichungen zur Weltlage, z.B. zur Monographie *Christensinn in Kriegsnot* (1914) oder zu der Aufsatzreihe *Gedanken über den großen Krieg* (1914–1918). Eine umfangreiche Publikation, 1917 erschienen, beschäftigte sich mit der Behandlung von Kriegsgefangenen in Deutschland. Auf einer längeren Weltreise im Jahre 1926, die ihn nach Amerika, Japan, China und Korea führte, griff er die Möglichkeiten einer Begegnung mit fernöstlichen Glaubensvorstellungen auf. In seinem Buch *Um die Erde* (1928) hat Krebs den Verlauf seiner fast ein Jahr dauernden Reise geschildert.

Krebs pflegte die Vision eines weltläufigen Katholizismus. In seinem Gästebuch hielt er Neuigkeiten über Glaubensbrüder, die in exotischer Ferne wirkten, fest. So notiert er 1937 unter der Überschrift „Weltverbundenheit der Klause“ den Tod des Tokyoter Universitätsrektors Hermann Hoffmann.

Krebs war in erster Linie Dogmatiker. Seine wichtigsten Veröffentlichungen behandeln dogmatische und mit dieser theologischen Disziplin verwandte Fragen. Angeregt von der philosophischen Wertlehre durchdachte er das christliche Dogma nicht zuletzt unter dem Aspekt der Bindung des Glaubenden an die Familie, an die Geschichte der Heimat. Er entwickelte so eine christliche Dogmatik, die auch Antworten gab auf die Fragen und Probleme, die die Erschütterung des Ersten Weltkrieges und die folgenden Jahre gebracht hatten – eine Dogmatik, die am Handeln orientiert war und sich karitativen Verpflichtungen stellte.

Grundlegend sind seine Untersuchungen über Dietrich von Freiberg und Herveus Natalis. Sein wissenschaftliches Interesse galt auch Fragen der Mystik. Zudem hinterließ er ein reiches Schrifttum zu Religions- und Zeitgeschichte. Berühmt an der Freiburger Universität waren seine Vorlesungen über Dante, die er 16 Jahre lang hielt.

Die christliche Philosophie – mehrfach übernahm er zwischen 1913 und 1916 sowie 1924 die Vertretung der Professur für dieses Lehrfach – brachte Krebs in nähere Beziehung zu den Husserl-Schülern Martin Heidegger und Edith Stein. Mit Heidegger verband ihn neben dem wissenschaftlichen Austausch auch Freundschaft, obwohl die beiden Wissenschaftler geraume Zeit in einem Konkurrenzverhältnis um den Lehrstuhl an der Philosophischen Fakultät standen. Am 21. März 1917 wurden Heidegger und seine Braut in der Universitätskapelle des Freiburger Münsters von Krebs getraut. Heidegger, berühmt und umworben als Philosoph, wurde am 1. Oktober 1928 als Nachfolger Husserls nach Freiburg berufen. Nachdem er sich dort auch als Rektor vorübergehend nationalsozialistischem Gedankengut angenähert hatte, zeigte sich Krebs enttäuscht, wie weit sich der einstige Freund und Vertraute vom katholischen Glauben entfernt hatte. Die frühere Vertrautheit stellte sich auch nach Heideggers Umkehr nie mehr ein.

Krebs war ein engagierter Verfechter des ökumenischen Gedankens. Überdies bekämpfte er schon in den 20er Jahren antisemitische Strömungen innerhalb der katholischen Kirche. In seinem Werk *Urkirche und Judentum* (1929) sprach er vom Judentum als der „*Heimat der Kirche*". Diese konsequente theologische Haltung hat er auch während des Dritten Reiches nicht verleugnet und jederzeit mutig verteidigt.

Krebs betätigte sich besonders im seelsorgerischen Bereich. Zeitgenossen und Freunde beschreiben ihn als verbindlichen, verständnisvollen, gütigen und fast schalkhaften Menschen, dem zahlreiche Studierende ihr Vertrauen schenkten und bei dem viele Rat suchten. Engelbert Krebs war Priester aus Berufung und hat sich sein Leben lang, auch als er sich der Wissenschaft, Lehre und Forschung verschrieben hatte, als Seelsorger gefühlt.

Mit der Wiedererrichtung der Nikolauskapelle 1931 versuchte Engelbert Krebs, die klösterliche Tradition der Klausenmatte (Klause = Einsiedelei) in St. Märgen wiederzubeleben.

Der Klausner von St. Märgen

Schon als Kind hatte Krebs mit seinen Eltern regelmäßig die Sommerferien in St. Märgen verbracht. 1928 mietete er ein kleines Haus in der *Klausenmatte* und bezeichnete sich von nun an als *Klausner*. Das Dorf wurde für ihn ein Zufluchtsort – ein Refugium für Erholung und ungestörtes Arbeiten. In St. Märgen entstanden wichtige theologische Schriften wie z. B. *St. Augustinus als Mensch und Kirchenlehrer* (1930) und die dogmenhistorische Studie *Gottesgebärerin* (1931). Außerdem schrieb Krebs hier zahlreiche Artikel für Fachlexika. Der heimatverbundene Theologe beschäftigte sich in St. Märgen auch mit der Geschichte seiner Wahlheimat und verfasste historische Abhandlungen,

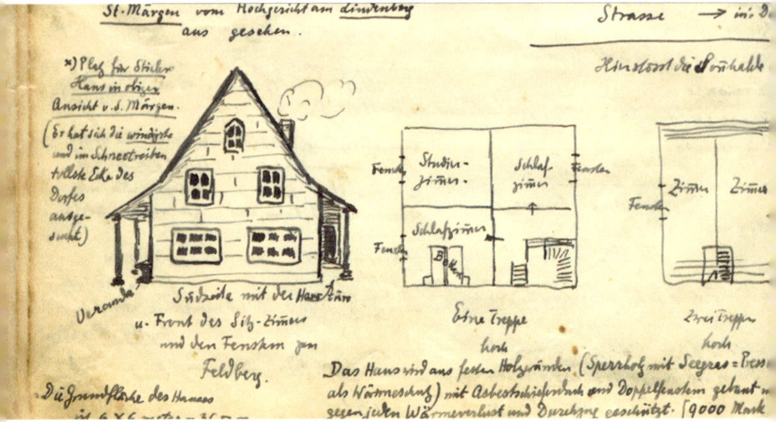

138 *Amüsiert skizzierte Krebs 1928 die Idee seines Freundes Professor Georg Stieler, an der „windigste(n),...tollste(n) Ecke des Dorfes..." ein Häuschen zu errichten. Im Jahr 1931 wird Edmund Husserl in dem fertigen „Stielerhäusle" logieren.*

beispielsweise *Die Geschichte des aufgehobenen Chorherrnstifts St. Märgen und seiner verbrannten Bibliothek.* Die so genannte *Klausenchronik*, begonnen im April 1928, sechs ledergebundene Bücher, die persönliche Notizen, Fotos sowie Eintragungen seiner Gäste enthalten, bilden für die Jahre zwischen 1928 und 1950 eine wichtige Ergänzung zu den von Krebs ab 1910 geführten Tagebuchnotizen. Von seinen Angehörigen wurden sie noch über seinen Tod hinaus geführt. Er selbst hielt in seinen Notizen fest, dass er in St. Märgen in den Ferien *„stille Tage in der Klausenmatte"* verbrachte, *„deren Waldwege, von Sonne durchrieselt und von Vogelgesang belebt, köstliche*

Wandelgänge für Studium und Breviergebet bieten". Immer häufiger zog sich der Professor in seiner freien Zeit in die geliebte Klause in St. Märgen zurück. Auf seine Initiative hin wurde im Laufe des Jahres 1931 das alte, zerstörte Heiligtum der Klausenmatte durch die Errichtung einer neuen Nikolauskapelle wiederbelebt. In dem neuen Gotteshaus las er schon am 22. August 1931 die heilige Messe und die Kapelle wurde – wie früher – das Ziel von Bittprozessionen.

Nach dem Brand von 1913, bei dem die Reste der mittelalterlichen Klause zum größten Teil vernichtet wurden, fand sich ein Stein mit der Inschrift „Nicolaus". Krebs hat den gotischen Namenszug über eine Nische mit der Statue des Schutzpatrons der Klause setzen lassen.

„Jede Unklarheit lässt sich in Klarheit,
jede Ahnung in Gewissheit verwandeln,
jede einseitige und vorläufige Erkenntnis
in eine endgültige.“

EDMUND HUSSERL

EDMUND HUSSERL

Epochaler Genius

Philosoph aus Berufung

Edmund Husserl, zweiter Sohn einer jüdischen Familie, wurde am 8.4.1859 in Proßnitz (Mähren) geboren. Nach dem Besuch des Gymnasiums studierte er von 1876 bis 1878 in Leipzig Astronomie, Mathematik, Physik und Philosophie, u.a. bei Wilhelm Wundt, der in Leipzig das erste Institut für experimentelle Psychologie gegründet hatte. Seine mathematischen Studien führte er 1878 in Berlin weiter und schloss sie in Wien mit der Promotion ab. Nach einer einjährigen Militärzeit 1883/84 war Husserl 1884 bis 1886 Schüler des Philosophen Franz Brentano in Wien. 1886 habilitierte er sich in Halle (Saale) bei Carl Stumpf, selbst Schüler Brentanos, in nur zwölf Monaten an der philosophischen Fakultät, und zwar mit einer Untersuchung *Über den Begriff der Zahl.* In diese Zeit fällt auch seine Konversion zum Protestantismus. Im gleichen Jahr heiratete er Malvine Steinschneider, ebenfalls jüdischer Abstammung. 1892 wurde Tochter Elisabeth geboren, 1893 und 1895 die Söhne Gerhart und Wolfgang. Der jüngere Sohn kam im Ersten Weltkrieg zu Tode. In Halle sollte die Familie Husserl fünfzehn Jahre bleiben. Husserl arbeitete als Privatdozent an der Philosophischen Fakultät.

Hier entstanden die *Logischen Untersuchungen* (1900/01), ein epochemachendes Werk, das Husserl 1901 den Ruf an die Universität Göttingen einbrachte, wo er 1906 zum ordentlichen Professor ernannt wurde. Die Seminare und Vorlesungen der Göttinger Jahre bis 1916, in denen er die Grundzüge seiner Phänomenologie vorstellte, wurden von einer großen Zahl von Hörern besucht.

Husserls hoch begabte Schüler in Göttingen zusammen mit den Anhängern seiner Philosophie an der Universität München, die zum Teil nach Göttingen übergewechselt hatten, bildeten die so genannte *Phänomenologische Bewegung*, zu der sich so bedeutende Philosophen wie Max Scheler, Moritz Geiger, Theodor Lipps, Adolf Reinach, Alexander Pfänder, Theodor Conrad, Hedwig Conrad-Martius, Roman Ingarden, Dietrich von Hildebrand, Fritz Kaufmann und Edith Stein zählten. 1913 trat die Phänomenologische Bewegung unter der Ägide Husserls mit einem eigenen Publikationsorgan an

Als Husserl 1916 nach Freiburg berufen wird, ist er bereits im reifen Alter von 57 Jahren. Er hinterlässt in Göttingen einen einflussreichen Kreis von Schülern. Seine Schülerin Edith Stein folgt ihm als wissenschaftliche Assistentin in den Süden.

die Öffentlichkeit, dem *Jahrbuch für Philosophie und phänomenologische Forschung*, das bis 1930 mit insgesamt elf Bänden erschien. Als erstes wurden Husserls *Ideen zu einer reinen Phänomenologie und phänomenologischen Philosophie* publiziert, ein Werk, das Husserls Wendung von der deskriptiven Phänomenologie der *Logischen Untersuchungen* zur transzendentalen Phänomenologie bezeugt.

Husserl war ein leidenschaftlicher Lehrer. Im März 1916 war er als Nachfolger von Heinrich Rickert dem Ruf an die Philosophische Fakultät der Universität Freiburg gefolgt, wo er bis 1928 mit außergewöhnlicher Anziehungskraft als Ordinarius wirkte. Seine Vorlesungen und Seminare hier wie auch in Göttingen zogen Studierende aus der ganzen Welt an. So nahmen beispielsweise an der Ethik-Vorlesung von 1920 etwa 300 Hörer teil. Eine kaum zu überbietende Hörerzahl angesichts dessen, dass im Jahre 1920 nur insgesamt 4000 Studenten an der Universität Freiburg eingeschrieben waren. Im philosophischen Diskurs gewann die Phänomenologie international an Bedeutung. Aus dem Freiburger Schülerkreis um Husserl gingen u.a. die herausragenden Philosophen Eugen Fink, Hans Jonas, Ludwig Landgrebe, Oskar Becker, Günther Anders, Emmanuel Levinas, Hans Reiner und Franz-Josef Brecht hervor. Die Freiburger Jahre seines Schaffens dürfen mit Recht als die Blütezeit der transzendentalen Phänomenologie gelten. Husserl selbst schreibt 1920 in einem Brief an seinen Göttinger Schüler Roman Ingarden: *„Es ist hier ein Phänomenologenkreis beisammen, der selbst die besten Göttinger Zeiten hinter sich zurücklässt."* Edith Stein, die dem ‚Meister' – so sein verehrungsvoller Titel unter den Studierenden – nach Freiburg gefolgt war, um hier bei ihm zu promovieren, war von 1916 bis 1918 seine Assistentin, eine Funktion, die dann 1919 bis 1922 Martin Heidegger, der sich bereits 1916 bei Heinrich Rickert habilitiert hatte, ausführte. Husserl hielt Heidegger für den Befugtesten, die Phänomenologie weiterzuführen und veranlasste, dass dieser nach seiner Emeritierung 1928 sein Nachfolger an Freiburgs Universität wurde.

Die Universität Freiburg i. Brsg. | *Postkarte 1920*

1933 begannen die Demütigungen Husserls durch die Nationalsozialisten. Auf Grund seiner jüdischen Abstammung wurde dem international anerkannten Gelehrten der Professorentitel aberkannt. Nach 1933 lebte Husserl innerhalb Deutschlands isoliert, nur wenige persönliche Verbindungen blieben in diesen Jahren erhalten. In Deutschland durfte der *‚Nichtarier‘* Husserl ab 1935 bis zu seinem Tode nicht mehr veröffentlichen. 1936 wurde ihm die Lehrbefugnis entzogen. 1937 verbot die Freiburger Universität ihrem fast achtzigjährigen ehemaligen Ordinarius das Betreten seiner Wirkungsstätte. Im Sommer 1937 mussten er und seine Frau die Freiburger Wohnung in der Lorettostraße verlassen.

Im Ausland wurde er umso mehr anerkannt und geschätzt, die Ehrungen häuften sich. Einen Ruf nach Los Angeles lehnte er ab. Zahlreiche Vortragsreisen führten ihn nach Wien, Prag, Amsterdam, Straßburg, Paris und London. Seine wissenschaftlichen Arbeiten wurden in Frankreich, den USA und auch in Japan publiziert. Husserl starb am 27.4.1938 in Freiburg.

Die Phänomenologie

Im Zentrum von Husserls Leben und Arbeiten stand die Idee einer phänomenologischen Philosophie und Wissenschaft sowie deren Bedeutung für die Menschheitskultur. Die entscheidenden Voraussetzungen für seine philosophische Entwicklung liegen in seinem Mathematikstudium, in der Begegnung mit Brentanos deskriptiver Psychologie und deren Grundidee der Intentionalität sowie der Auseinandersetzung mit dem Psychologismus in der zeitgenössischen Logik. Die 1900/01 erschienenen *Logischen Untersuchungen* galten und gelten als Geburtsstunde der Phänomenologie. Die Rückgründung von Wahrheit als Evidenz auf die als ideale Einheiten verstandenen Bewusstseinsakte und deren idealer Korrelate sollte die Logik von aller empirisch-psychologischen Fundierung, die Husserl als widersinnig herausstellte, befreien.

Husserl war Begründer und zentrale Gestalt der phänomenologischen Bewegung. Sein Werk hat sie zunächst hervorgerufen und gelenkt, später beeinflusst und begleitet. Mit der in den *Ideen* (1913) vollzogenen Wendung zum transzendentalphänomenologischen Idealismus zielte er auf eine völlige Neubegründung nicht nur der Logik und Philosophie, sondern auch der Einzelwissenschaften ab. Auf neuer methodischer Grundlage will die transzendentale Phänomenologie die Welt in ihrem Zustandekommen und ihrer Geltung im transzendentalen Bewusstsein verständlich machen. Dabei ist die Welt jedoch nur in ihrer Korrelation zum welterlebenden transzendentalen Subjekt Thema. Diese transzendentale Weiterentwicklung der Phänomenologie wurde von den Münchner und Göttinger Phänomenologen nicht mehr mitgetragen.

In den Jahren 1935–37 entstand sein letztes Hauptwerk *Die Krisis der europäischen Wissenschaften und die transzendentale Phänomenologie*, dessen erste Teile wegen des auf Husserl lastenden Publikationsverbotes in der Zeitschrift *Philosophia* in Belgrad erscheinen mussten. Mit diesem Werk reihte er sich noch einmal ein in die große Tradition deutsch-jüdischer Denker.

Husserls Denken übt bis heute bedeutenden Einfluss auf die Philosophie in Europa, den USA und Japan sowie auf Kunst, Literatur und Sozial-

Edmund Husserl in seinem Arbeitszimmer in Freiburg | *1937*

wissenschaften aus. Sein wissenschaftlicher Nachlass wurde unter großer Gefahr von dem belgischen Franziskanerpater Herman Leo van Breda vor der Vernichtung durch die Nationalsozialisten gerettet.

Das Husserl-Archiv, das etwa 40000 Seiten meist in Gabelsberger Stenografie verfasste Manuskriptseiten sowie weitere 15000 Typoskriptseiten aus dem Nachlass aufbewahrt, befindet sich im belgischen Leuven. Die Gesammelten Werke Husserls werden vom Husserl-Archiv in Leuven in Verbindung mit den Husserl-Archiven in Freiburg und Köln seit 1950 unter dem Titel *Husserliana* publiziert.

Husserl in St. Märgen

Husserl verbrachte die Semesterferien seit seinem Umzug nach Freiburg 1916 bis zum Ausbruch seiner Krankheit im August 1937 fast regelmäßig im südlichen Hochschwarzwald. Mit besonderer Vorliebe weilte Husserl in St. Märgen. Vier längere und mehrere kürzere Aufenthalte belegen dies überdeutlich. In der wunderbaren Landschaft um St. Märgen fand er einerseits Ruhe und Entspannung, andererseits konnte er sich frei von universitären Verpflichtungen seiner Forschung widmen und endlich die lange aufgeschobenen Briefe an seine philosophischen Freunde und Kollegen schreiben. Gegen die anregende Gesellschaft besonders geschätzter Schüler und Kollegen hatte Husserl allerdings auch während der Semesterferien nichts einzuwenden. 1921 besuchten u.a. Moritz Geiger und Alexandre Koyré Husserl in St. Märgen. Wie eine Fotografie aus dem Jahr 1921 dokumentiert, hat sich Martin Heidegger mindestens einmal die damals nicht unerhebliche Mühe gemacht, Husserl in St. Märgen aufzusuchen. Über die Anwesenheit von Edith Stein gibt es nur mündliche Überlieferungen *(Siehe S.111)*. Die Beziehung zwischen Husserl und seinen beiden begnadeten Assistenten war eng, er schätzte ihre wissenschaftliche Arbeit, förderte sie und war ihnen freundschaftlich verbunden. Edith

Peripatetiker in Loden und Kniebundhosen:
Edmund Husserl und Martin Heidegger
beim Wandern und Innehalten rund um St. Märgen. | *1921*

Steins zunächst glänzende philosophische Laufbahn scheiterte jedoch 1918 an der akademischen Männerwelt. Trotz bester Zeugnisse wurde ihre Bewerbung um Habilitation zur Hochschulprofessorin von mehreren Universitäten abgelehnt. Edith Stein konvertierte 1922 zum Katholizismus, trat im Herbst 1933 in den Kölner Karmel ein und wurde 1938 in den Karmel im niederländischen Echt aufgenommen. 1942 wurde sie in Auschwitz ermordet. Die Katholische Kirche erhob sie 1998 in den Stand einer Heiligen.

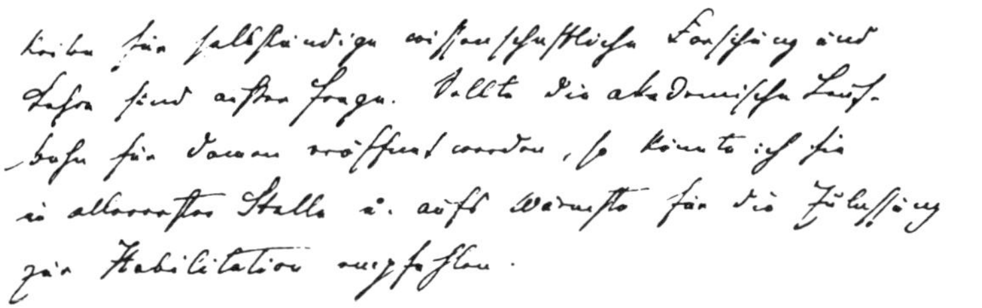
beiten für selbständige wissenschaftliche Forschung und
Lehre sind außer Frage. Sollte die akademische Lauf-
-bahn für Damen eröffnet werden, so könnte ich sie
in allererster Stelle u. aufs Wärmste für die Zulassung
zur Habilitation empfehlen.

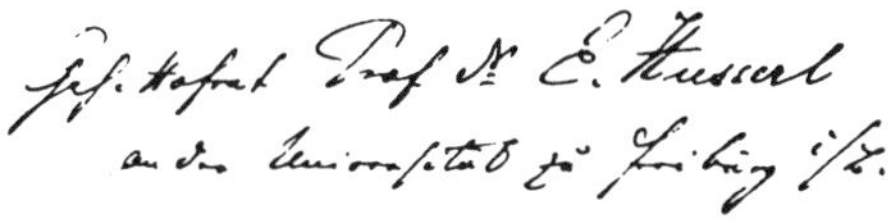
Geh. Hofrat Prof. Dr. E. Husserl
an der Universität zu Freiburg i/B.

Trotz persönlicher Empfehlungsschreiben Husserls, der sie zur Habilitation vorschlug, war Edith Stein eine akademische Laufbahn an der Universität Freiburg verwehrt.

Die freundschaftlich-philosophische Verbindung zwischen Husserl und Heidegger war nach einer Phase des intensiven Austausches von 1919 bis 1921 auf wissenschaftlichem Gebiet seit Mitte der 20er Jahre angespannt. Heidegger hatte sich – von Husserl anfangs unbemerkt – schon lange vor seiner Übernahme des Husserl-Lehrstuhls in Freiburg 1928 von seinem großen Förderer und Vorbild philosophisch entfernt. Er übernahm im April 1933 das Rektorat der Universität Freiburg und trat bald darauf in die NSDAP ein. Anfangs mit den Nationalsozialisten sympathisierend, sah Heidegger zwar seinen politischen Irrtum bald ein, trat 1934 vom Rektorat zurück, aber distanzierte sich nicht öffentlich vom Regime. Die Ereignisse dieser Zeit trafen Husserl schwer. Die beiderseitige menschliche und philosophische Entfremdung blieb zeitlebens unwiderruflich.

Husserl hielt sich erstmals im Frühling 1920 für längere Zeit zur Erholung in St. Märgen auf, und zwar für etwa sechs Wochen. An seinen Schüler und Freund, den polnischen Philosophen Roman Ingarden schreibt der von seinen Amtsgeschäften erschöpfte Dekan der Philosophischen Fakultät im März 1920: *„Ich arbeitete über meine Kräfte, da ich als Dekan unglaublich mit Verwaltungsgeschäften geplagt war. Für meine Schriften konnte ich gar nicht arbeiten. Ich war zur Erholung in St. Märgen, wunderschön gelegen …*

Malvine und Edmund Husserl vor dem Steinbachhofhäusle. | 1921

Da bin ich allmälig wieder zu mir gekommen u. hoffe wieder tüchtig schaffen zu können."

Diesen ersten Aufenthalt hat Husserl wohl so sehr genossen, dass er sich zusammen mit seiner Frau gleich im Sommer desselben Jahres für mehr als zehn Wochen in St. Märgen einmietete. Er wohnte und arbeitete in dem auf dem Klosterhof gelegenen Haus Nr. 3 (heute das Haus des Messners) als Gast von Frau Balbine Schlegel.

„*Wir wohnen hier wundervoll auf einer Schwarzwald Höhe, nicht in Pension, sondern meine Frau sorgt selbst für alles, gelegentlich muss ich mithelfen, aufdecken, Kaffeemahlen ...*"

Während dieses Aufenthaltes porträtierte der Bildhauer Arnold Rickert, ein Sohn seines Lehrstuhlvorgängers Heinrich Rickert, den Philosophen. Die nach diesen Sitzungen gefertigte Bronzebüste wird ihm neun Jahre später anlässlich seines siebzigsten Geburtstages von seinem engeren Freundeskreis, darunter auch Martin Heidegger und dessen Frau Elfriede, die den Ankauf der Büste organisiert hatte, überreicht. Husserl selbst kommt in einem Brief an Heinrich Rickert mit großer Freude auf das Geschenk zu sprechen: „*Eine der schönsten Überraschungen war für mich die von einem Kreis von Freunden gespendete Büste ... Es ist in der That ein schönes Kunstwerk, das allgemein in Auffassung u. Beseelung und selbst hinsichtlich der Portraitähnlichkeit gerühmt wird.*"

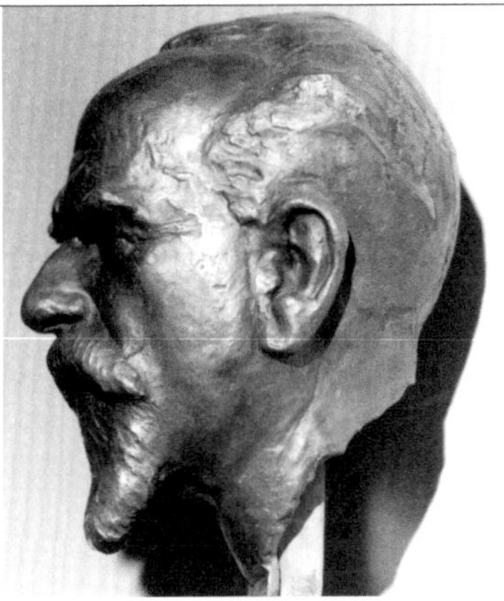

Während des St. Märgen-Aufenthaltes 1920 porträtierte der Bildhauer Arnold Rickert, ein Sohn von Husserls Vorgänger auf dem Freiburger Lehrstuhl Heinrich Rickert, den Philosophen.

Neben der Schwärmerei für die Landschaft vergaß Husserl in seinen Briefen nicht seine Nöte zu erwähnen: *„Ich war am Schlusse meines Dekanatsjahrs mit meinen Kräften zu Ende. Ich erhalte mich hier in dem hochgelegenen Schwarzwalddörfchen, ausschließlich damit beschäftigt in dem weiteren Umkreise von St. Märgen von Bauernhof zu Bauernhof ‚hamstern' zu gehen, um (...) ein paar Eier für unseren notleidenden Haushalt zu erbetteln. Dann aber bedrängte mich eine andere Not – die Vorbereitung für eine neue 4-stündige Vorlesung ‚Einleitung in die Ethik'."* Wie aus dem regen Briefwechsel, den Husserl von St. Märgen aus führte, hervorgeht, hat sich Husserl bereits 15 Tage später in seinem Refugium wieder bestens eingelebt: *„In St. Märgen geht es uns unverdient gut, fern von dem Hoteltreiben. Ich bin in guter Arbeit."*

Auch im folgenden Jahr nutzte der Philosoph seinen Sommeraufenthalt zu konzentrierter Arbeit. Einem befreundeten Gönner berichtet er 1921 aus St. Märgen: *„Als aber die Wohnung in die erwünschte Ordnung gebracht wurde und ich meine großen Manuscriptkoffer auspackte, und ich alsbald damit begann die Manuscripte zur Arbeit zusammenzuziehen – da war ich verloren. Alsbald packten mich die alten Probleme, alte Pläne und nun sind 7 Wochen vergangen. Ich habe in glühendem Eifer täglich von 7h Morgens an beim Arbeitstisch gesessen und – in herrlichster Berglandschaft – nicht einen einzigen größeren Spaziergang gemacht.“* Malvine und Edmund Husserl wohnten in dieser Zeit über zwölf *„weltverlorene Arbeitswochen“* lang im Steinbachhofhäusle, außerhalb des Dorfes *„… in der primitiven idyllischen Landwohnung, die in stiller Einsamkeit gelegen ist, fühle mich wohl u. arbeite concentriert.“*

Im Sommer 1931 schließlich logierte Edmund Husserl für mehrere Wochen im *Stielerhäusle* am Ortsrand von St. Märgen, als Gast des Professors für Philosophie und Erziehungswissenschaft Georg Stieler und seiner Frau Martina. Das 1929 erbaute *Stielerhäusle* war Husserl bereits durch einen Besuch im Sommer 1930 bekannt: *„wir waren einen Tag bei Stieler in ihrem neuerbauten Häuschen in St. Märgen eingeladen.“* Die Familien Husserl und Stieler, die sich gegenseitig des öfteren *„zum philosophischen Tee“*

Da sich das Stielerhäusle und seine Umgebung seit den zwanziger Jahren nicht verändert haben, fällt es nicht schwer, sich in die Atmosphäre hineinzuversetzen, in der Husserl seinerzeit arbeiten konnte.

einluden, waren freundschaftlich miteinander verbunden. (Eng befreundet waren die Stielers übrigens auch mit dem Theologen Engelbert Krebs. *Siehe S. 142*) In Georg Stielers Arbeitszimmer in Freiburg hing während der ganzen Zeit des Nationalsozialismus ein Porträt Husserls, für Stieler ein Symbol des Geistigen und der reinen Philosophie. Familie Stieler, die den großen Gelehrten als bescheidene und gütige Persönlichkeit ehrte, gehörte zu den

Wenigen, die ihm auch in der dunklen Zeit des nationalsozialistischen Terrors die Treue hielten. So zählten Martina und Georg Stieler zu dem kleinen Kreis noch verbliebener Freunde, die sich trotz der Verfemungen durch die Nationalsozialisten nicht scheuten, der Trauerfeier zum Tode Husserls beizuwohnen.

„Den lieben Stielerfreunden ..." hat Husserl dieses Porträt gewidmet. Die eigenhändige Zueignung datiert die Fotografie auf Weihnachten 1931. Möglicherweise wollte sich Husserl durch diese Aufmerksamkeit für den Aufenthalt vom 01.07.–05.08.31 im „Stielerhäusle" bedanken.

Husserls Wirken in St. Märgen

Zusammengenommen verbrachte Husserl mehr als ein halbes Jahr in St. Märgen. In dieser Zeit hat er hoch bedeutende Forschungsmanuskripte und Vorbereitungen für seine Vorlesungen niedergeschrieben. Zwar kann man nicht wie bei den so genannten *Bernauer Zeitmanuskripten* von den *St. Märgener Manuskripten* sprechen. Dies aber nicht deshalb, weil sie den *Bernauer Zeitmanuskripten* an Umfang oder Bedeutung nachstünden. Der Grund dafür liegt allein in der großen Vielfalt der Themen, die Husserl in St. Märgen bearbeitet hat und die es daher nicht hat sinnvoll erscheinen lassen, die Manuskripte unter dem Namen des Entstehungsortes zusammenzufassen.

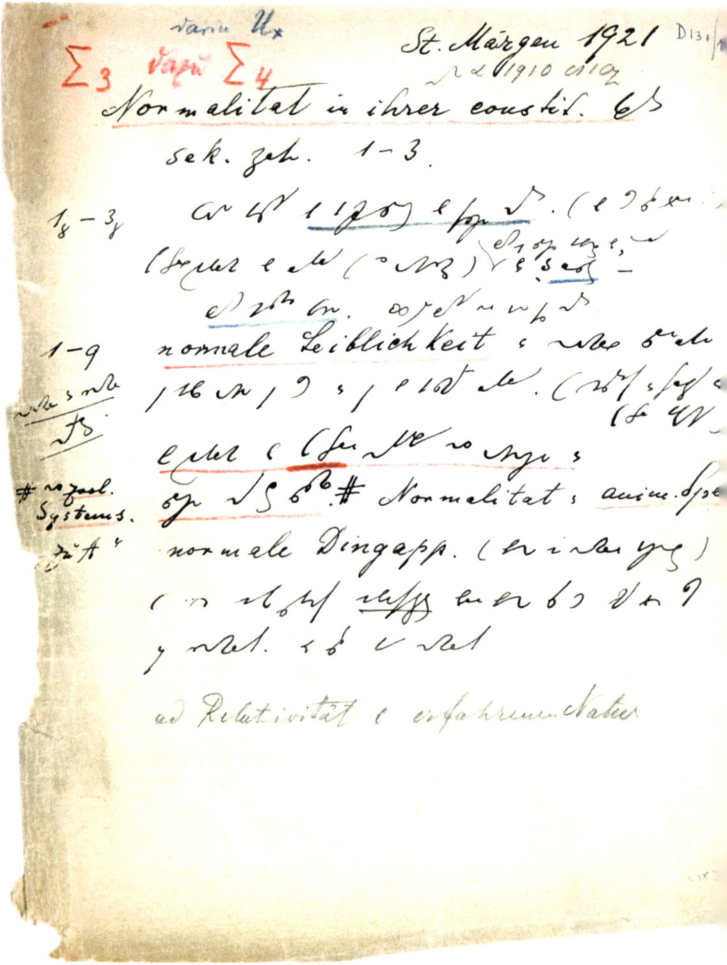

Auf diesem Sammelumschlag gibt Husserl einen Inhaltsüberblick über einen Teil der 1921 in St. Märgen niedergeschriebenen Manuskripte.

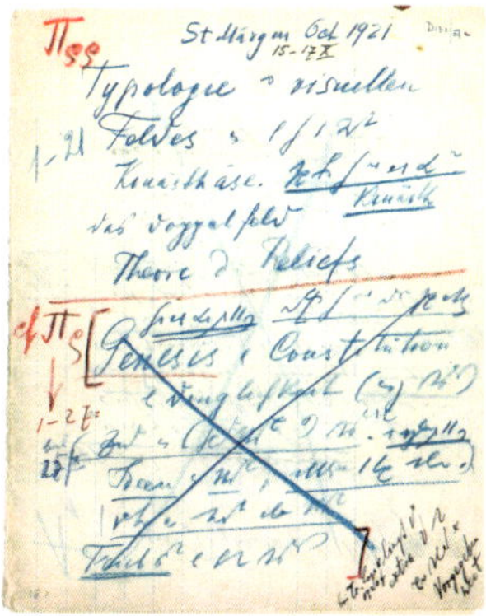

Die in St. Märgen entstandenen Manuskriptblätter geben uns eine gewisse Vorstellung über die Komplexität Husserl'scher Gedankengänge, die auf den Umschlagsblättern nur durch Stichwörter und Fragestellungen angedeutet werden.

An erster Stelle der in St. Märgen entstandenen Manuskripte wären die Forschungsmanuskripte zur Ur- und Raumkonstitution zu nennen, die Hussserl 1920 und 1921 verfasst hat und die gegenwärtig am Husserl-Archiv an der Universität zu Köln für die Veröffentlichung vorbereitet werden. Dann dürfen nicht unerwähnt bleiben die vorbereitenden Manuskripte zur bahnbrechenden Logik-Vorlesung des Wintersemesters 1920/21, die Husserl im Sommersemester 1923 und Wintersemester 1925/26 wiederholt hat.

Neben diesen thematisch zusammenhängenden Manuskriptblättern befindet sich im Nachlass verstreut noch eine große Zahl inhaltlich höchst heterogener, kürzerer Texte, die nahezu alle Themen der Phänomenologie berühren. Diese in St. Märgen verfassten Forschungsmanuskripte handeln beispielsweise von Problemen der Anthropologie, der Ontologie, der Intersubjektivität, der Intentionalität, der leiblich-seelischen Konstitution, des personalen Ich und der Monade bis hin zu methodischen Fragen der transzendentalen Reduktion.

Um sich eine Vorstellung von Husserls forschender Arbeitsweise machen zu können, muss man bedenken, dass er seine Gedanken auf Stenogrammen gleichsam im Fluss mitprotokollierte. Oft zog er später diese Stenogramme wieder heran, um in den Gedankengang wieder hineinzukommen. Dabei fügte er Korrekturen und Verweise in diese ‚*Selbstprotokolle*' ein, was ihn dann zur Fortentwicklung des bereits Erarbeiteten oder zu einem neuen Ansatz führte. Auf diese Weise erklärt sich auch die ungeheure Produktivität Husserls und der nahezu unüberschaubar große Umfang seines wissenschaftlichen Nachlasses.

Ungesicherte Überlieferungen über Husserl

Nach Erinnerungen des aus St. Märgen stammenden Geistlichen Joseph Hog ging Familie Husserl „*... im Sommer... gern in die ‚Krone' nach St. Märgen*". Während der schwierigen Kriegs- und Nachkriegszeit kam die Familie wohl auch des öfteren am *Sattlerhäusle,* dem Wohnhaus der Hogs vorbei, um

Edmund Husserl vor dem Steibachhofhäusle | 1921

dort zu ‚*hamstern*'. – Dort half man den ausgezehrten Städtern mit Lebensmitteln. Überdies stiftete Pfarrer Hog noch ein Votivbild für die Judas Thaddäuskapelle mit Husserls Konterfei, auf dessen Inschrift er nicht nur eben jene Ereignisse festhielt, sondern auch Edith Stein erwähnt: „*Edmund Husserl im Jahr 1926; von 1917 an oft im Sattlerhäusle; Edmund Husserl besuchte öfter diese Stätte mit Edith Stein.*"

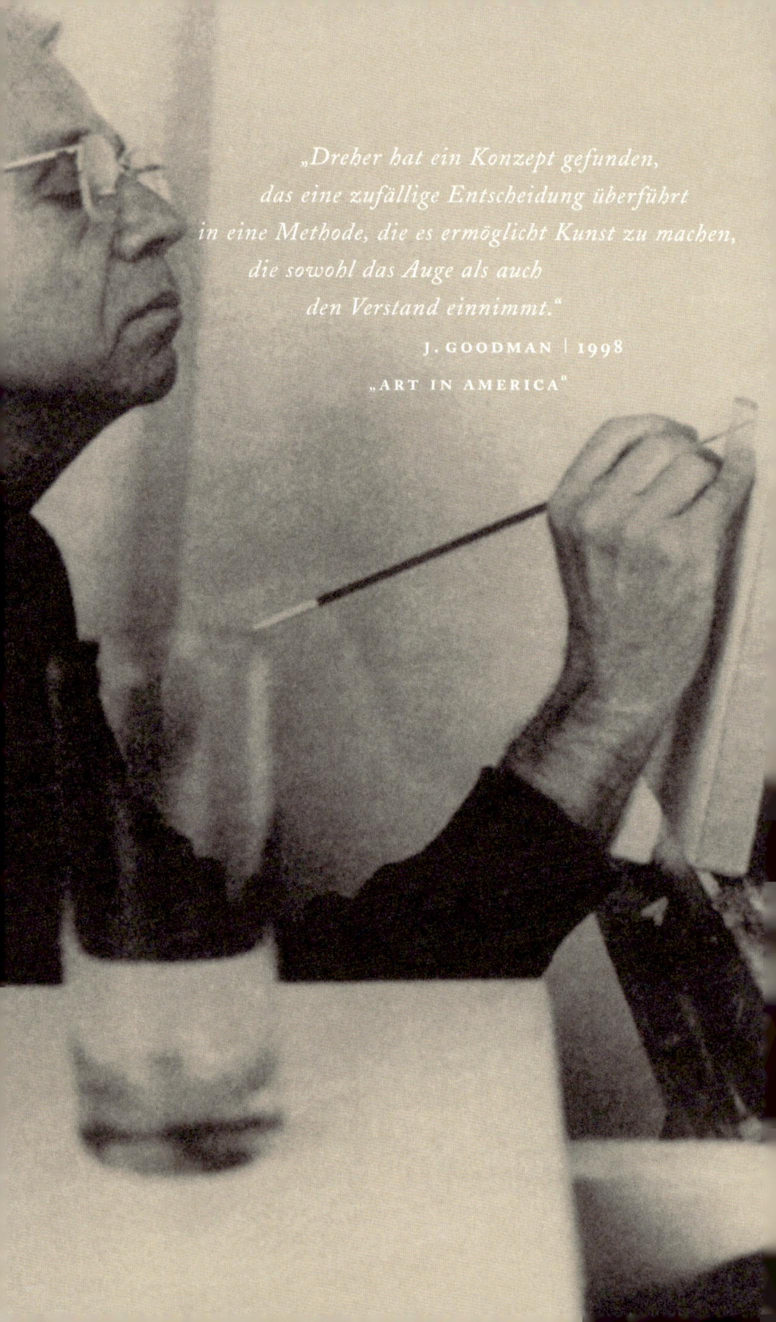

„Dreher hat ein Konzept gefunden,
das eine zufällige Entscheidung überführt
in eine Methode, die es ermöglicht Kunst zu machen,
die sowohl das Auge als auch
den Verstand einnimmt.“

J. GOODMAN | 1998
„ART IN AMERICA“

PETER DREHER

„Ein gelassener Sysiphos“

1932 in Mannheim geboren, studierte Peter Dreher 1950 bis 1956 an der Staatlichen Akademie der Bildenden Künste Karlsruhe bei Karl Hubbuch, Wilhelm Schnarrenberger und Erich Heckel, die ihm die neusachliche, nachimpressionistische und expressionistische Gegenstandsauffassung der 20iger Jahre vermittelt haben. 1958 erhielt er den Kunstpreis der Jugend, sieben Jahre später den Rom-Preis. Im selben Jahr wurde er zum Leiter einer Malklasse an der Staatlichen Akademie der Bildenden Künste Karlsruhe (Außenstelle Freiburg) ernannt, drei Jahre später zum Professor. Die Außenstelle Freiburg und die dortige Malklasse leitete Dreher von 1965–1997. Für sein künstlerisches Werk wurde Dreher mehrfach ausgezeichnet, u. a. mit dem Reinhold-Schneider-Kulturpreis der Stadt Freiburg (1976),

dem Hans-Thoma-Staatspreis (1979) und 1995 mit dem Erich-Heckel-Preis des Künstlerbundes Baden-Württemberg. Die Kunstwerke des international renommierten Künstlers wurden in Deutschland, den USA und der Schweiz ausgestellt. 1971 hat sich Peter Dreher in St. Märgen im *Schulerhaus,* im ehemaligen Atelier Gustav Traubs und Amandus Goetzells, niedergelassen. In St.Märgen sind nach Aussage des Künstlers die meisten seiner wichtigen Arbeiten entstanden. Sein anderer Wohnsitz liegt in Wittnau bei Freiburg, zeitweise in San Diego. Peter Dreher ist Mitglied im Künstlerbund Baden-Württemberg und im Deutschen Künstlerbund.

In den 50ern knüpfte der damalige Student an der Staatlichen Akademie der Künste Karlsruhe noch an seine von Postimpressionismus, Expressionismus und Neuer Sachlichkeit geprägten Lehrer an, fand auf deren Impulse eigene Antworten und malte in einem teils lockeren, teils strengen Stil Landschaften und Stilleben. In den 60er Jahren hat Dreher das Räumliche seiner aus alltäglichen Gegenständen zusammengesetzten Stilleben zunehmend

flächiger gestaltet, die Gegenstände emblematisch vereinzelt und die Form auf einigen Bildern bis zur Grenze ihrer Erkennbarkeit in Farbe aufgelöst. Anfang der 70er Jahre entstehen Bilder, in denen auch die Farbe ganz zurück tritt – Grisaillen, deren helle Grauwerte das Thema des Lichts suggerieren. Mit dem monumentalen Flaschenöffner (1971) schafft Dreher eines jener Schlüsselbilder, die die abstrakten Formen zum Gegenstand gerinnen lassen und umgekehrt dem Objekt den Charakter eines Signets geben. Diese Bilder scheinen zwischen Gegenstand und Abstraktion zu vermitteln.

In St. Märgen wurde 1974 das Projekt *Tag um Tag guter Tag* begonnen. In kontemplativer Konsequenz entstehen seither mindestens 50 Bilder im Jahr, die ein leeres Wasserglas auf weißer Tischfläche vor weißem Hintergrund zeigen. Das gemalte Glas steht in natürlicher Größe im Bild. Es führt den unvermeidlichen Wandel des Betrachters vor dem unverwandten Objekt vor, dem Glas, das an sich unfassbar bleibt. Die Phänomenologie des Philosophen Edmund Husserl, die das Erfassen der Es-

senz durch den subjektiven Betrachter in den Mittelpunkt rückt, spielt dabei für den Künstler eine entscheidende Rolle: *„Das Kennenlernen von Husserls Denken“*, so Dreher, *„war ein Erlebnis wie das Kennenlernen des Zen-Buddhismus für mich“*. Der einfache Gegenstand, das Glas, wird dem Maler zum Mittel der Selbsterfahrung:

„Kein Bild ist die Wiederholung eines vorhergehenden, sondern – bei völliger Zurückhaltung jeder kontrollierbaren persönlichen Regung des Malers – eine Neuformulierung. In der Reihe wird der gleichbleibende Bildgegenstand selbst unwichtig und schließlich so völlig entwertet, dass nur die Malerei bleibt, die in der Auseinandersetzung und im Wetteifer mit der Wirklichkeit ihrer eigenen Möglichkeiten, ihre Mittel und Wirkungsweisen anschaulich untersucht und zugleich darstellt.“ (Hans Albert Peters im Katalog der Ausstellung *Peter Dreher* in der Staatlichen Kunsthalle Baden-Baden, 1977.)

Seit 1972 malt Peter Dreher das immergleiche Schwarzwaldpanorama. Es entstehen Landschaftsbilder der eigenen Art: In der Senkrechten stehen

untereinander drei Bilder desselben Landschaftsausschnitts am selben Tag gemalt; die Waagerechte zeigt den Verlauf des Panoramas: *„ein Geflecht aus Zeit und Ort“*. Das Verhältnis von freier Farbbehandlung und thematischer Vorgabe bestimmt auch die Erscheinungsform der Landschaften und Wolkenbilder, die im eigentlichen Wortsinne *‚Stilleben‘* sind und Drehers meditative Grundhaltung bezeugen. Tonig gedämpfte und cremefarbig helle Werte dominieren, die Landschaften sind meist in ein mildes Licht getaucht.

„Ich fühle mich als Badener. In Mannheim aufgewachsen, in Karlsruhe studiert und in Freiburg gelehrt. Meine Vorfahren mütterlicherseits waren Hugenotten. Französische Lebensart beeinflusst die Badener. In meinen Bildern finde ich den Hang der Deutschen zur Sachlichkeit und zur Philosophie oder Rechtfertigung ihres Denkens und Tuns – und die Liebe der Franzosen zum Kulinarischen wie z.B. in der Malerei der Impressionisten.“ (Peter Dreher im Katalog *Schwarzwaldhochstraße*, Baden-Baden, 2002, Dirk Teuber.) Die Malerei Peter Drehers ist wie eine Philosophie, die sich der Kunst und dem Leben zuwendet.

VERSUCH EINER ANNÄHERUNG ZWISCHEN MALEREI UND PHÄNOMENOLOGIE

„Die Schönheit gründet ‚uninteressiert‘ rein im Wesen.“

EDMUND HUSSERL | *Ms. C 16, 71 a*

Oskar Kokoschka und Edmund Husserl 1935 in Prag

ZWEI WERKTÄTIGE IM GESPRÄCH

St. Märgen: Peter Dreher und Siegfried Rombach

173

S. ROMBACH: Während unserer Gespräche, die wir hier oben in St. Märgen miteinander führen durften, erwachte in mir immer wieder der Eindruck, Sie selbst in Ihrem Lebensvollzug und Schaffensprozess als Maler seien, wenn ich im übertragenen Sinne so sagen darf, ein ‚*Phänomen*'. Mir stand mit jeder neuen Begegnung klarer vor Augen, wie sehr Ihre individuelle Lebensweise, zu der Ihr Refugium in St. Märgen ganz wesentlich gehört, mit Ihrem Werk verschmolzen ist. Ihren sich zurückziehenden und sich bewusst zurücknehmenden Lebensvollzug vermochte ich daher aus meinem eigenen Verstehen und tastenden Nachvollzug Ihres künstlerischen Werkes nicht mehr wegzudenken.

Ganz ohne Zweifel wird sich ein ‚*Phänomen*' nicht selbst interpretieren müssen. Wenn unser Gespräch als ein Versuch einer konkreten Annäherung gelingen sollte, werden Sie daher auch keine theoretischen Reflexionen oder gar Selbstauslegungen Ihres Werkes einbringen müssen. Ihr lebendiges Schaffen selbst und Ihre unmittelbar beschreibende Auskunft über dessen Vollzug und Entwicklung werden Antwort geben.

Bevor wir heute unseren ‚*St. Märgener Dialog*' fortsetzen, möchte ich Ihnen zur Einstimmung eine Auswahl aufschlussreicher Passagen aus einem Brief Edmund Husserls an den Dichter Hugo von Hofmannsthal (* 1.2.1874, † 15.7.1929) aus dem Jahre 1907 vorlesen. Dieser Brief wirft ein helles Licht auf das Verhältnis zwischen der von Husserl eigenständig erarbeiteten phänomenologischen Methode und seinem persönlichen Verständnis der Kunst. Zugleich können diese eindrücklichen Ausführungen Husserls unsere Überlegungen, die wir in den vorausgegangenen Gesprächen angestellt haben, bestätigen.

„Die ‚phänomenologische' Methode fordert eine von der ‚natürlichen' wesentlich abweichende Stellungnahme zu aller Objectivität, die nahe verwandt ist derjenigen Stellung u. Haltung, in die uns Ihre Kunst als eine rein ästhetische hinsichtlich der dargestellten Objecte und der ganzen Umwelt versetzt. Die Anschauung eines rein ästhetischen Kunstwerkes vollzieht

sich in strenger Ausschaltung jeder existenzialen Stellungnahme des Intellects und jeder Stellungnahme des Gefühls u. Willens, (...)

Oder besser: Das Kunstwerk versetzt uns (erzwingt es gleichsam) in den Zustand rein ästhetischer, jene Stellungnahmen ausschließenden Anschauung. Je mehr von der existenzialen Welt anklingt oder lebendig herangezogen wird, je mehr an existenzialer Stellungnahme das Kunstwerk von sich aus anfordert (etwa gar als naturalistischer Sinnenschein: Naturwahrheit der Photographie), umso weniger ist das Werk ästhetisch rein. (...)

Aber nicht minder (...) auch die phänomenologische Methode fordert strenge Ausschaltung aller existenzialen Stellungnahmen. (...) Damit wird alle Wissenschaft und alle Wirklichkeit (auch die des eigenen Ich) zum bloßen ‚Phänomen' (...) Das phänomenologische Schauen ist also nahe verwandt dem ästhetischen Schauen in ‚reiner Kunst';"
(aus einem Brief Edmund Husserls an Hugo von Hofmannsthal vom 12.1.1907)

Nirgendwo deutlicher als in diesen Zeilen benennt Husserl die Verwandtschaft zwischen der methodischen Einstellung seiner Phänomenologie und der dem künstlerischen Schaffen eigenen Beziehung zur Wirklichkeit der Welt. Es wäre nun allenfalls gelehrsam, aber doch wohl wenig spannend, wollten wir in unserem fortlaufenden Gespräch diese Verwandtschaft zwischen Phänomenologie und Kunst einfach auf Ihr Werk übertragen und an Ihrem konkreten Beispiel durchdeklinieren. Lassen Sie uns daher versuchen, das Spezifische Ihres künstlerischen Schaffens, das in ganz eigener Weise innerhalb der modernen Kunst anzusiedeln ist, vor dem Hintergrund der Phänomenologie herauszupräparieren.

Erste Begegnung mit der Phänomenologie

S. ROMBACH: Beginnen wir mit den persönlichen Berührungspunkten. Können Sie sich noch an Ihre erste Begegnung mit der Phänomenologie Edmund Husserls erinnern?

P. DREHER: Ich erinnere mich noch gut, wie ich davon erfuhr, dass Husserl öfter hier in St. Märgen seine Ferien verbrachte. St. Märgen, das ist meine Heimat, der Prototyp für *‚meinen Ort‘*, den ich ein Leben lang gesucht hatte. Und wenn man – wie ich – eine tiefe innere Zugehörigkeit zu einem Ort verspürt, so weckt das natürlich Interesse an den vielleicht gleichermaßen mit diesem Dorf und der es umgebenden Landschaft verbundenen Menschen. So erwarb ich bei nächster Gelegenheit in einem Antiquariat einige Werke Husserls, die im Verlag Meiner erschienen sind. In diesen Büchern las ich dann hin und wieder. Mein Interesse, die Phänomenologie besser verstehen zu lernen, ist bis heute sehr groß.

Vor etwa 30 Jahren lernte ich das buddhistische Denken kennen. Ich hatte damals gerade mit der Reihe *Tag um Tag guter Tag* begonnen. Ich fürchtete, ein abseitiger Schwärmer zu sein, und lernte nun, dass die halbe Welt ähnlich denkt. Das machte mir Mut. *„Der Meergott kennt alle seine Schätze und weiß nicht ihren Wert."*

Als ich dann 20 Jahre später eine erste Ahnung von der Husserl'schen Phänomenologie bekam, wurde mir bewusst, dass es ein mich bestätigendes Denken auch in der europäischen Philosophie gibt. Eine weitere Ermutigung!

In einem Interview äußert sich der Künstler John Irvine ausführlich und sachverständig über den Einfluss Husserls auf die zeitgenössische Kunst. Ich schätze Irvine sehr; so war dies wiederum Bestätigung und Ermutigung für mich.

Übrigens: In den USA trifft man zunehmend Künstler und Kunstwissenschaftler, die die Phänomenologie Husserls kennen und schätzen.

S. ROMBACH: Besonders in der phänomenologischen, aber auch in der weiteren kunsttheoretischen Literatur wurde vielfach schon die These entfaltet, es bestünde über die bereits von Husserl bekundete Verwandtschaft zwischen Phänomenologie und Kunst hinaus eine besondere Analogie zwischen der Phänomenologie und speziell der modernen Malerei. Diese Analogie läge darin begründet, dass die moderne Malerei, deren Grundzug die Abstraktion ist, versuche, nicht die Gegenstände sichtbar zu machen, sondern deren Sichtbarkeit als solche und die darin liegenden Sichtweisen selbst zu thematisieren. In der Folge ergäbe sich neben dem Absehen von existenziellen Stellungnahmen zum jeweiligen Gegenstand auch in der Malerei ein Rückbezug auf das Allgemeine im ‚*Subjektiven*', nämlich auf die Sichtweisen. So spielt es beispielsweise für einen Maler keine Rolle, ob der gemalte Gegenstand in Wirklichkeit existiert oder nicht oder ob es sich dabei gar um einen unmöglichen Gegenstand handelt. In gleicher Weise interessiert den Phänomenologen nicht die Wirklichkeit selbst, sondern allein die allgemeinen subjektiven Gegebenheits- oder Erscheinungsweisen der Gegenstände, darunter natürlich auch die spezifische Gegebenheitsweise der wirklichen Gegenstände.

Weil nun eine solche Analogie durchaus vorliegt, ist ein Dialog zwischen moderner Kunst und Phänomenologie von vornherein und *eo ipso* mit einer guten Aussicht auf eine verstehende Annäherung verbunden. Denn aufgrund dieser übereinstimmenden Einstellung zur Wirklichkeit der Welt und des sich daran anknüpfenden Interesses an der Weise ihrer Gegebenheit für uns bildet sich unmittelbar ein gemeinsamer Verständnishorizont aus, der für das je eigene Arbeiten an den Phänomenen in Kunst und Phänomenologie unabdingbar ist.

Vermutlich erahnten Sie bei Ihren ersten Begegnungen mit der Phänomenologie gerade diesen beiderseits ähnlichen Zugang zur Welt, wie Sie es ja bereits angedeutet hatten.

P. DREHER: Wenn Sie von Erahnen sprechen, so ist das richtig. Meine Glas-Serie entsteht mit dem Bemühen, alles so nüchtern, objektiv, einfach und neutral wie möglich zu erleben, zu sehen und zu malen – nur Auge und Hand. Husserls Begriff der *‚phänomenologischen Reduktion‘* scheint mir auch dem zen-buddhistischen Denken verwandt, das ebenfalls die Welt ohne Aufladung erkennen will.

Fragendes Sehen

S. ROMBACH: In Ihrem Werk bemerke ich – und würde Sie gerne fragen, ob ich das richtig erfasse – eine spezifische Affinität zur Phänomenologie, die über diese grundsätzlich vorliegende Verwandtschaft zwischen der wissenschaftlich-phänomenologischen und der künstlerisch-ästhetischen Grundhaltung hinaus reicht.

Die moderne Kunst hat sich so weit vom Gegenständlichen entfernt, dass sie zunächst zur abstrakten Kunst und dann zur gegenstandslosen Kunst wurde. Soweit ich Ihr Œuvre bis jetzt überschaue und verstehe, sind Sie nie ganz vom Gegenstand weggegangen, Sie haben die Gegenständlichkeit des Gegenstandes niemals ganz hinter sich gelassen. Wohl haben Sie das Gegenständliche reduziert, d.h. teilweise reduziert, aber auch auf neue Weise wieder gefunden – zuletzt auch und gerade in Ihrer Glas-Serie. Am Ende dieser Entwicklung steht sogar ein Gegenstand, der nur ein Einer ist, d.h. ein individuell identisch bleibendes Sujet, das Sie für sich gefunden haben. Dabei handelt es sich, wie wir in unseren zurückliegenden Gesprächen erarbeitet haben, um eine Findung von Gegenstand und Konzept als Resultat des arbeitenden Umgangs mit den im Arbeitsprozess sich bekundenden Phänomenen, und nicht um eine Konstruktion oder gar um einen irgendwie als Eingebung zu bezeichnenden Vorgang.

Sie sind also nicht einfach beim Gegenstand geblieben, sondern haben – im Gegensatz zur gegenstandslosen Kunst – die Gegenständlichkeit in spezifischer Weise neu entdeckt in der vielhundertfachen Bildwerdung der immer selben unveränderten Wirklichkeit des einen Glases. Und genau das vollzieht sich in analoger Weise in der phänomenologischen Forschung. Phänomenologische Analyse funktioniert nie, wenn vom Gegenstand einfach abgesehen wird. Man muss immer einen exemplarischen Gegenstand im Auge haben, um anhand seiner anschaulichen Gegebenheit die Erscheinungs- und damit seine im Bewusstsein verlaufenden Konstitutionsweisen zu erfassen. Dadurch wird der konkrete Gegenstand in ganz anderer Weise überstiegen, als es in einer ‚objektiven' Reduktion geschähe, die sich damit begnügt, den Gegenstand schlicht außen vor zu lassen. In gleicher Weise vollziehen auch Sie Ihren Malprozess: Sie müssen immer einen Gegenstand in seinem bestimmten Sichtbarkeitscharakter vor sich haben, um das Sehen zum Thema zu machen. Sie können Ihr fragendes Sehen nicht aus der Erinnerung oder – allgemein gesprochen – aus dem Kopf zum Bild werden lassen, weil Sie die gesehenen Antworten nur aus der lebendigen Aktualität des sich ereignenden Sehaktes zu entnehmen vermögen. So scheint mir Ihre Form der Malerei – über die zugestandene allgemeine Analogie zwischen moderner Kunst qua gegenstandsloser Kunst und Phänomenologie hinaus – eine konkret gelebte Malerei zu sein, die eine noch tiefer begründete Wesensverwandtschaft zur Phänomenologie in sich birgt. Denn Ihre Malerei übersteigt den Gegenstand nicht einfach durch das objektive Weglassen. Kann man das so sagen, oder gibt es in Ihrem Werk auch Tendenzen zur absoluten Gegenstandslosigkeit im Sinne der gegenstandslosen Kunst?

P. DREHER: Nein, alles, was Sie sagen, ist völlig richtig, und selbstverständlich bin ich mit der gegenstandslosen Kunst mein Leben lang konfrontiert gewesen. Auch empfinde ich großen Respekt vor den Überlegungen und auch den Ergebnissen, die sich daraus ergeben haben. Ich wälzte das aber immer nur in Gedanken.

1980 entschloss ich mich, ein gegenstandsloses Bild zu malen. Ich machte mich für zehn Tage lang blind. Morgens, wenn ich aufstand, noch bevor ich die Augen aufmachte, setzte ich mir eine dieser ‚*Schlafbrillen*' auf, wie sie in Flugzeugen ausgeteilt werden. Dann malte ich blind mein Bild. Die Leinwand war ein auf ein Meter groß. Und meine Palette kannte ich. Ich malte mit den Fingern und arbeitete relativ lange daran. In meinen Gedanken malte ich es immer weiter, denn sehen konnte ich es ja nicht. Dabei war ich immer unzufrieden, was – zugegeben – merkwürdig klingt, wenn man in diesem Metier etwas macht, was man nicht sehen kann. Am Ende habe ich es mir dann angeschaut. Um es kurz zu machen, es war ein ‚*All-over-Bild*'. Es bestand eigentlich nur aus einer Farbe, zu der ich alle vorher aufgetragenen Farben vermalt und dann vermischt hatte. Und das war dann ein gegenstandsloses Bild.

S. ROMBACH: Also eines, bei dem das Sehen gar keine Rolle spielte!

P. DREHER: Ja.

S. ROMBACH: Und dann sind Sie doch wieder zurückgekehrt zur Sichtbarkeit des Gegenständlichen und letztlich eines ganz eigentümlichen Gegenstandes, ohne im Grunde diesen Gegenstand als solchen zu intendieren. Sie begannen Ihre Arbeit an der malerischen Thematisierung der Sichtbarkeit des Glases.

„Tag um Tag guter Tag" 1 | 1982, 25 x 20 cm, Öl auf Leinwand

P. DREHER: Richtig, und wenn ich das gleich sagen darf, es ist ein Glas, das ja prinzipiell etwas Unsichtbares ist, vor einem weißen Hintergrund auf einem weißen Tisch. Und ich denke, darin steckt auch der Versuch, etwas zu malen, was eigentlich dem Auge quasi verschlossen ist oder ein Phänomen darstellt. Das Glas wird eigentlich nur gezeigt oder verdeutlicht oder ins Bild gebracht durch das, was das Glas spiegelt, also durch seine Lichtbrechungen und Spiegelungen, durch den Kontrast zum Hintergrund. Es selbst bleibt ja unsichtbar.

S. ROMBACH: Darin erkannten wir eine gewisse Verbindungslinie zur Phänomenologie, nämlich zu dem, was man in der Phänomenologie unter Reduktion und Epoché versteht. Sie haben sich bereits früher einmal dazu geäußert, dass Sie Ihre Malerei auch in einer gewissen Berührung mit der Methode der Husserl'schen Reduktion selbst erfahren haben. Verstehen Sie Ihre Reduktion, die eben nicht nur auf die sichtbaren Gegenstände in ihrer Sichtbarkeit, sondern genauer auf die Lichtbrechungen, auf das Licht, das sich im Glase spiegelt, geht, ebenfalls in Anlehnung an die Husserl'sche Reduktion und Epoché? Das würde heißen: die Bewegung Ihres malenden Arbeitens geht weg von der im natürlichen und alltäglichen Lebensvollzug ständig mitschwingenden Setzung alles uns Erscheinenden als wirklich oder nicht wirklich. Und sie geht hin auf die allen Wirklichkeitsbehauptungen zu Grunde liegenden Weisen gegenständlicher Sichtbarkeit?

P. DREHER: So weit kann ich nicht gehen, weil ich zwar versucht habe, die Methode der Reduktion und Epoché bei Husserl nachzuvollziehen, aber doch das Gefühl habe, dass ich da nicht wirklich eingedrungen bin, also insofern muss ich Sie bitten, diese Verbindung von Ihrer Warte aus zu beurteilen.

S. ROMBACH: Lassen Sie mich versuchen, kurz zu skizzieren, was Reduktion und Epoché bei Husserl bedeuten. Innerhalb der Phänomenologie als einer ausgebildeten Methode philosophischer Forschung gilt das vordringliche Bestreben der Erzielung vorurteilsfreier, wissenschaftlich begründeter und d. h. hier anschaulich evidenter Erkenntnisse. Aus dem Verständnis dieser Prinzipien leitet sich die konkrete Ausgestaltung der einzelnen methodischen Arbeitsschritte ab.

Neben dem mit der Anschaulichkeit in einem weiten Sinne verbundenen Evidenzprinzip gibt es weitere methodische Prinzipien. Dazu zählen vor allem die Reduktion und Epoché, die als die grundlegenden methodischen Schritte zur Eröffnung des transzendentalen Bewusstseinsfeldes als Untersuchungsbereich der Phänomenologie gelten. Mit dem als Epoché bezeichneten ersten methodischen Schritt versucht man, die Existenz, die faktisch-empirische

Wirklichkeit aller Gegenstände und der Welt selbst, einzuklammern, d.h. außer Geltung zu setzen. Der Begriff Epoché kommt aus dem Griechischen und wird in unserem Zusammenhang in der Bedeutung von *‚an sich halten'*, *‚sich zurückhalten'* gebraucht. Wir halten uns mit unserem Glauben an die Existenz der uns erscheinenden Welt zurück. Wenn wir somit den natürlichen Glauben an die uns erscheinenden Gegenstände neutralisieren, so verbindet sich damit jedoch keine skeptische Zweifelshaltung. Denn der durch die Epoché herbeigeführte Übergang vom natürlichen Glauben an die Existenz des uns als Welt Erscheinenden zur neutralen phänomenologischen Einstellung hat allein den methodischen Sinn, die diesen natürlichen Weltglauben aufbauenden Bewusstseinsleistungen überhaupt analysieren zu können.

Wenn wir beispielsweise eine Flasche, die vor uns steht, sehen, dann betrachtet der Epoché übende Phänomenologe die Flasche nicht darauf hin, ob sie nun wirklich existiert, d.h. ob es sie in der Welt tatsächlich gibt oder nicht, sondern er klammert die Flasche in ihrer Existenz ein, lässt es dahingestellt sein, ob sie existiert oder nicht. Den Phänomenologen interessiert dann nur, wie und auf Grund welcher Bewusstseinsleistungen sie uns erscheint. Das Erscheinen selber wird zum Thema der Phänomenologie. Und diesen zweiten methodischen Schritt

„Glasschalen“ | *2002, 140 x 210 cm, Öl auf Lwd., Ausschnitt*

nennen wir Reduktion. Wir reduzieren unser thematisches Interesse auf das Erscheinen als transzendentaler Bewusstseinsprozess, als reiner Vollzug, ohne damit den Gegenstand selbst in seinem Sein, in seiner Wirklichkeit, zu meinen.

Hierin wäre eine Entsprechung zwischen Ihrer Malerei und der Phänomenologie zu sehen, wenn Sie sagen, Sie malen Erscheinungen, die für sich genommen gar nicht sind, die so eigentlich gar nicht existieren, sondern im Grunde reine Phänomene, gewisse Weisen, wie etwas von uns gesehen wird, darstellen. Sie nannten die Lichtbrechungen, die Spiegelungen, den Kontrast zum Hintergrund usw.

Die Unterbrechung unseres ständigen Bezogenseins auf eine wirkliche Welt mit ihren Gegenständen und Ereignissen kann auch ermöglichen oder bewirken, dass überkommene, traditionelle Gegenstandsbezüge gebrochen werden zu Gunsten des Sichtbarwerdens neuer Sichtweisen. Aber, um dies zu leisten, bedarf es immer eines exemplarischen Gegenstandes in seiner spezifischen Sichtbarkeit. Das kann in Ihrer Malerei wohl nie ganz losgelöst vom gegenständlichen Sehen geschehen. Vielleicht kann es grundsätzlich nicht so gelingen, wie es in verschiedenen Formen der modernen Malerei versucht wird, indem man das Sehen und die Sichtweisen an einem ungegenständlichen Objekt, einfach nur durch Farbe und Form, ohne dass etwas Einheitliches gegenständlich konstituiert wird, offenbaren will. Würden Sie mir hierin zustimmen?

P. DREHER: Ich habe ein wenig Reserve dagegen, zu sehr ins, wenn ich das so sagen darf, Abstrakte zu geraten oder ins Philosophische mit

„Glasschalen" | *2002, 140 x 210 cm, Öl auf Lwd., Ausschnitt*

dem, was Sie gerade beschreiben. Sosehr mir das auch einleuchtet. Unsereiner ist ja eigentlich Handwerker und versucht, die Dinge, die ihm so durch den Kopf gehen oder die er für lebensnotwendig hält, in eine Form zu bringen – das ist ja auch unsere Aufgabe. Ich habe neben der Glas-Serie in den letzten zwei Jahren Bilder gemalt, in denen ich nur noch die Spiegelungen, also das, was eine große ovale Glasschale in sich spiegelt, auf die Leinwand brachte. Und die spiegelt in einer verzerrten Form Fenster und Glasdach und solche Dinge. Alles Übrige, also auch die Vorzeichnung zum Beispiel, habe ich wieder weggenommen hinterher – also das, was mir dazu gedient hatte, die Glasschale in ihrer Form zu fassen. Und das hat mir sehr gut gefallen. An der Glasschale lässt sich ein bestimmtes Phänomen des Sehens durch die Malerei besonders schön sichtbar machen. In kurzen Worten: Obwohl das, was spiegelt, nämlich eine Glasschale, gar nicht zu sehen ist, erkennt jeder sofort durch das, was da gespiegelt wird, die Glasschale. Zu sehen sind nur die Spiegelungen. Wenn ich das als Übersetzung dessen, was Sie gerade ausgeführt haben, hinstellen darf, dann würde mich das sehr freuen.

Parallel zum Wahrnehmungsprozess arbeiten

S. ROMBACH: Können Sie Entdeckungen bestimmter Weisen des Sehens oder der Sichtbarkeit beschreiben, die Sie im Laufe der Arbeit an der Glas-Serie oder auch an anderen Werken gemacht haben? Müsste man das aus Ihrem Werk selbst heraus sehen oder gibt es da etwas, wovon Sie sagen könnten, hier habe ich eine neue Weise von Sichtbarkeit erarbeitet oder es ist mir gelungen, eine solche ins Bild zu bringen. Es besteht ja doch ein Unterschied zwischen einer eigenen Erfahrung und deren künstlerischer Vermittlung – wenn man das im künstlerischen Schaffensprozess überhaupt trennen kann – , sodass andere Menschen Ihre zum Bild gewordene Entdeckung in ihrem eigenen gelingenden Betrachten des Bildes selbst nachvollziehen können.

P. DREHER: Ich könnte keinen Moment festhalten, in dem mir plötzlich etwas aufgegangen ist, aber vielleicht hilft die Beschreibung eines Vorganges:

Ich habe hier in St. Märgen Landschaften gemalt und wollte damit auf das Einfachstmögliche zurückkommen oder darauf, was überhaupt mir sichtbar und zugänglich ist. Mir kam der Gedanke, bereits mit 16 Jahren Landschaften gemalt zu haben. Dann bin ich hier in St. Märgen auf die Wiesen hinausgegangen und habe diese Bergkette von dort aus gemalt. Und das machte mir großen Spaß. Ich fühlte mich ganz frei von allem, was ich bis dahin so glaubte wichtig nehmen zu müssen, in der Malerei und in all dem, was mich in der Kunst umgeben hat usw. Daraus ergaben sich ganz einfache Überlegungen, die daran anknüpften, dass ich gerne die Wahrheit sagen wollte. Nachdem ich zwei Stunden lang gemalt hatte, habe ich bemerkt, dass die Land-

„Schöne Tage im Hochschwarzwald" | *1979*

schaft sich verändert hatte – sie war anders geworden. Die herkömmliche Art und Weise ist ja, dass man versucht, das in einem Bild zusammenzufassen, was man erlebt, also auch Veränderungen. Und ich dachte, das ist zwar schön und gut, aber die Wahrheit ist das nicht. Und wenn man nun ganz genau ist, dann geht das natürlich von Sekunde zu Sekunde, diese Veränderung. Aber man muss ja dann doch

12 mal 24 x 33 cm | insgesamt 72 x 132 cm

einen Weg finden, der auch einigermaßen gangbar ist. So habe ich versucht, die Landschaft immer wieder zu malen, am selben Tag. Einfach um – ohne es vorher zu wissen – auszuprobieren, ob diese Veränderungen sich auch tatsächlich im Bild einstellen. Um auszuprobieren, was herauskommt, wenn ich völlig vorurteilslos dieselbe Landschaft immer wieder in einem Abstand von zwei Stunden male. Und ich erfuhr, dass die Veränderungen sichtbar wurden. Es entstanden dann Bilder, in denen dreimal dieselbe Landschaft am selben Tag gemalt ist, mit ihren mehr oder weniger deutlichen Veränderungen. In der Senkrechte ergaben sich die Veränderungen in der Zeit. Und die Waagrechte ergab das Panorama, den Ablauf des Geografischen, des Räumlichen. Dieser Prozess war vielleicht so etwas, wo sich bei mir eine neue Sichtweise, die ich ins Bild bringen wollte, eingestellt hat.

Und was die Glas-Serie, die ja das Zentrum von dem ist, was ich mache, angeht, ist es so, dass ich immer wieder denke, dass alle Probleme, die in der Malerei mir überhaupt bekannt sind, sich irgendwann innerhalb von 30 Jahren stellen. Das ist eben etwas, was ich vorher so nicht erwartet hätte. Ich kann mich erinnern, dass ich zu Beginn der Glas-Serie in einer Weise gemalt habe, die ich einfach mitgebracht hatte, und die sehr malerisch war, sehr die Dinge eingewoben hat im Gesamtzusammenhang. Das hat sich dann immer mehr geklärt und die Dinge wurden immer spezifischer und ich habe dann zum Beispiel die Erfahrung gemacht, dass ich in Inseln male. Das führt einen dann wieder zu ganz grundsätzlichen Überlegungen, zum Beispiel zu der, dass wir auch in Inseln sehen. Also wenn wir schauen, dann nehmen wir das, was wir betrachten, scheinbar in einem zusammenhängenden Bild wahr. In Wahrheit aber läuft unser Auge sehr schnell das Motiv ab, welches wir uns vorgenommen haben. Es gibt wissenschaftliche Untersuchungen, die diese Bewegungen des Auges beim Sehen eines Gegenstandes durch grafische Darstellungen nachvollziehbar gemacht haben. Damit lässt sich deutlich erkennen, wie das Auge kontinuierlich über den Gegenstand wandert. Und dieses Arbeiten parallel zum Wahrnehmungsprozess hat mich dann zu Überlegungen geführt, wie Wahrnehmung überhaupt abläuft. Wie sich das in der Kunstgeschichte vollzog, wo man unter Umständen beispielsweise ein Jahr lang an einem Schlachtenbild oder einer Versammlungsszene gemalt hat. Denn das ist ja ein sehr merkwürdiges Phänomen. Vielleicht trage ich da Eulen nach Athen, wenn ich sage, dass wir Bilder in einem Moment zunächst aufnehmen, wahrnehmen als in einem Moment festgehalten, dass es andererseits aber eine Tatsache ist, dass die Bilder eben aus Hunderten oder Tausenden von Inseln bestehen, die langsam eine an die andere gesetzt wurden. Natürlich gibt es auch Maltechniken, in denen das schichtenweise verläuft, aber im Prinzip ist es natürlich Pinselstrich für Pinselstrich, Tausende und Zehntausende und Millionen von einzelnen Aktionen. Das ist wiederum etwas, was mir nun durch meine Malerei auch besonders deutlich wurde. Da geht es dann auch um die Frage des

Spezifischen in der Malerei. Weil dieses Vorgehen in der Malerei in unserer Zeit zunehmend in Frage gestellt wird, ist das ja etwas, worüber der Maler sich ganz automatisch Gedanken machen muss, weil die Frage an ihn herangetragen wird. Und ich denke, dieses Zusammensetzen aus einzelnen ,*Mini-Emotionen*' ist etwas, was sehr spezifisch ist für die bildenden Künste, was sehr spezifisch ist für dieses, man könnte vielleicht auch sagen, handwerklich bedingte Vorgehen, insbesondere für das Herstellen von Bildern durch Malerei. – Fotografie ist etwas völlig anderes, was den Herstellungsprozess betrifft.

S. ROMBACH: Aus dem von Ihnen wahrgenommenen zeitlichen Wandel im Erscheinen einer Landschaft und dessen künstlerischer Vermittlung konnten Sie also erfahren, dass die Erscheinungsweisen der ,*Wahrheit*' selbst sich verändern.

P. DREHER: Ja.

S. ROMBACH: Und diese Einsicht ging Ihnen im Malprozess auf.

P. DREHER: Ja.

S. ROMBACH: So können wir sagen, dass Ihnen diese Einsicht durch das Arbeiten parallel zum Wahrnehmungsprozess anschaulich vermittelt wurde?

P. DREHER: Ja.

,Einfach so!' oder ,Zu den Sachen selbst!'

S. ROMBACH: Der Zusammenhang von Phänomenologie und moderner Malerei im Speziellen liegt natürlich in der Phänomenologie des visuellen Wahrnehmens begründet. Und hier steht die Analyse des Sehens unter Vollzug der phänomenologischen Reduktion im Mittelpunkt.

Ein weiterer gemeinsamer Verständigungshorizont eröffnet sich vielleicht in der Unterscheidung zwischen der durch die phänomenologische Epoché bewirkten Neutralisierung unseres natürlichen Glaubens an die Wirklichkeit der Welt und der durch das Prinzip der Vorurteilslosigkeit angestrebten inhaltlichen Neutralität. Wie Husserl in seinem Brief an Hugo von Hofmannsthal schreibt, schalten wir jede existenziale Stellungnahme aus, d.h. wir lassen es ganz neutral dahingestellt, ob der Gegenstand existiert oder nicht. Und so stehe ich dann als phänomenologisch Philosophierender zu meinem Gegenstand in einer neutralen Position und bin – gleich wie Sie als Maler – bemüht, losgelöst vom Wirklichkeitsbezug die Gegebenheiten möglichst vorurteilslos hin- oder aufzunehmen und dann rein deskriptiv darzustellen, d.h. sachlich angemessen zu beschreiben.

Auf der anderen Seite können wir von einer inhaltlichen Neutralität sprechen, die auch Sie in

Einfa

„Einfach so." | 2001

Aquarell, 28 mal 42 x 56 cm

ch so.

Ihrem Werk anstreben und die ich deswegen als einen weiteren Punkt der spezifischen Nähe Ihrer Malerei zur Phänomenologie herausstellen möchte. Viele moderne Maler beginnen, nachdem sie das Gegenständliche objektiv hinter sich gelassen haben, Symbole in ihre Bilder einzufügen. Das Werk von Paul Klee wäre ein Beispiel dafür. Aber Sie haben in Ihrem Werk diesen Schritt nicht vollzogen. Wenn ich es recht überblicke, gab es in Ihrer Entwicklung zwar eine zeitweilige Tendenz dahin, doch glaube ich, waren die *‚symbolhaften'* Darstellungselemente dieser Werke nicht wirklich symbolisch, ja nicht einmal zeichenhaft gemeint. Denn Sie verwendeten diese *‚Symbole'* nicht zur Herstellung von Verweisungsbezügen. Sondern ganz im Gegenteil haben Sie einmal die Parole der Phänomenologie *„Zu den Sachen selbst!"*, unbewusst wahrscheinlich, umformuliert, indem Sie in einem Bild den Schriftzug eines Plakates aufgenommen haben. Er lautet: *„Einfach so."* Dies könnte heißen: schlicht die Sachen selbst, d. h. ohne irgendwelche Verweisungsbezüge, die Dinge in ihrer Ursprünglichkeit, in ihrer je ihnen eigenen Erscheinungsweise, so wie sie von Ihnen als Künstler im Arbeitsprozess erlebt werden, in Ihre Malerei übersetzen zu wollen oder zur Darstellung bringen zu wollen. Darin sehe ich das verwirklicht, was man in der Phänomenologie unter inhaltlicher Neutralität versteht. Dass man nicht mehr in ein

Phänomen hineininterpretiert, als sich dem phänomenologisierenden Betrachter vom Phänomen selbst her, vom Erscheinen des Gegenständlichen her, zeigt. Dass man sozusagen vorurteilslos, nicht mit einem Ballast an traditionellen Interpretationen, nicht vor einem Hintergrund theoretischer Konzeptionen oder gar ideologischer Systeme den Sachen oder Phänomenen begegnet, als Versuch, die Phänomene von ihnen selbst her ‚*zum Sprechen*', zum Sich-Zeigen zu bringen.

Von dieser Zugangsart zu den Dingen liegt auch etwas in Ihrer Malerei, in der deutlich wird, dass sie nicht symbolisch, d.h. ohne jeden Zeichencharakter und auch ohne jeden andersartigen Verweisungscharakter begriffen sein will. Ganz im Gegenteil wollen Sie die Unmittelbarkeit des Sehens ins Bild bringen.

P. DREHER: Ich würde auch hier jedem Wort zustimmen. Ich darf vielleicht wieder anekdotisch erzählen, wie das überhaupt begann. Eingefallen ist mir die Idee mit dieser Glas-Serie im April 1974 in der Badewanne. Aber das erzähle ich deswegen, weil man ja oft über Jahre an bestimmten Dingen arbeitet, die gehen mit einem ins Bett und stehen mit einem auf, und irgendwann fließt dann alles Erarbeitete zusammen, gleichsam wie bei einem Kurzschluss. Und ich dachte, mach diesen Versuch fünf-, sechsmal und dann sind bestimmte Überlegungen bewiesen. Das hat dann aber nicht mehr aufgehört. Die Beschäftigung mit diesen Phänomenen der Spiegelung hat mich bis heute nicht mehr losgelassen. Und ich war damals, deswegen die Einleitung, ich war damals konfrontiert mit oder steckte mitten im deutschen Expressionismus. Mein Lehrer Heckel gehörte der Künstlervereinigung ‚*Brücke*' an. Meine Kollegen Baselitz und Lüpertz waren Neoexpressionisten. Dadurch wurde ich geradezu auf die Frage gestoßen, ob das mir entspräche. Und ich kam zu dem Schluss, dass das nicht der Fall war. Um sehr deutlich meinen eigenen Standpunkt zu klären und zu zeigen, habe ich mit der Glas-Serie angefangen, unter anderem mit der Ausgangsidee, dass ich mich selbst vollkommen heraushalte. Keine Symbole, keine Expressionen, nichts Derartiges. Und dass ich versuchen will, mich selbst wie ein Instrument zu betrachten und jede Form von subjektivem Eingriff außen vor zu lassen. Deswegen sitzt das Glas spannungslos in der Mitte, damit die Abstände zu allen Seiten gleich sind. Die Farbigkeit ist wesentlich reduziert, das Glas ist in seiner natürlichen Größe exakt übernommen usw. Und ich betrachte eigentlich bis heute das Vorgehen analog zu dem eines Naturwissenschaftlers, der bestimmte Voraussetzungen schafft und nicht weiß, wie der Ablauf seiner Versuche sein wird. Das schwebte mir auch so vor. Nun muss ich sagen, dass dieser Idealzustand oder dieses als Ideal mir vorschwebende Bewusstsein seine Probleme hat. Jedenfalls kam mir die Frage, ob ich das male, was ich sehe, oder ob ich das male, was ich weiß. Denn unabweislich kam immer wieder das, was ich über eine Sache weiß, ins Spiel. Und daraus ergeben sich auch die Veränderungen, nach denen ich immer wieder gefragt werde, weil das Glas sich verändert. Also über Hunderte von Bildern wird z. B. das ganze Bild dunkler und später wieder heller. Und das kommt daher, dass ich zunächst etwas Unsichtbares vor weißem Hintergrund gemalt habe, und mir selbstverständlich bewusst war, dass das Bild sehr hell, um nicht zu sagen weiß werden muss. Und irgendwann habe ich mir überlegt, dass der Hintergrund – die weiße Wand hinter dem Glas – schräg von dem Glas und auch von mir wegzog, so dass von der Lampe ausgehend, das Licht einen Helligkeitsabfall hatte. Und dann habe ich diesen gemessen, so wie ein Wissenschaftler, der sich mit optischen Phänomenen beschäftigt. Es ist tatsächlich so – was mich zu der Zeit fast erstaunt hat, obwohl es eine Binsenwahrheit ist –, dass ein weißes Papier, welches ich direkt unter die Lampe halte, wesentlich heller ist, und je weiter ich von der Lampe weggehe, desto dunkler wird es. Und es ist erstaunlich, wie sich das verdunkelt.

S. ROMBACH: Sie versuchen damit eine möglichst neutrale Wiedergabe des Sehens zu erreichen?

P. DREHER: Ganz richtig, da kommt dann ein gewisser Konflikt zustande, weil das, was man weiß, sich nicht vollkommen ausschalten lässt. Oder besser gesagt, weil mein Subjektives als zugehörig zu dem erscheint, was man objektiv sieht. Und das ist z.B. auch jetzt eine Polarität oder eine Überlegung oder ein Phänomen, welches sich unter anderem, wie ich glaube, mit dieser Neutralität beschäftigt. Kann man eine solche Neutralität erreichen und halten? Kann man diese Neutralität tatsächlich von sich verlangen?

Das Unsichtbare am Sichtbaren?

S. ROMBACH: Hat man als Überschrift für Ihr Werk einmal die Formulierung „die Sichtbarkeit des Unsichtbaren", so wie es vorhin von Ihnen angedeutet wurde, gewählt? Oder wurde Ihr Werk vielleicht einmal in diese Richtung interpretiert?

P. DREHER: Nein.

S. ROMBACH: Man könnte mit einigem Recht einwerfen, die Phänomenologie versuche die Sichtbarkeit des Sichtbaren zur Sprache zu bringen, indem sie der Frage ‚*Wie erscheint uns etwas?*' nachgeht. Dagegen sagen Sie, eigentlich sei das, was Sie interessiert am Glas, das Unsichtbare, das Unkonkrete, nicht das Glas, sondern die Spiegelungen usw., durch die das Glas erst sichtbar wird. All das, was man eigentlich zuerst nicht wahrnimmt. Denn zunächst sieht man das Glas als gegenständliche Form und Gestalt. Wir achten ja beim ersten Blick schließlich nicht auf die Spiegelungen und bemerken gleichfalls nicht, wie sich das Bild durch diese Spiegelungen letztlich aufbaut. Und im normalen Alltagsleben achten wir in erster Linie sogar nur auf die Funktionalität der Gegenstände. Insofern würden Sie vielleicht in Ihrem malerischen Interesse, wie Sie es selber verstehen, über all das hinausgehen, indem Sie das Unsichtbare in der Sichtbarkeit durch Ihre Malerei zum Gegenstand machen?

P. DREHER: Das Unsichtbare als solches sicher nicht. Da muss ich jetzt widersprechen. Das Nichts kann man nicht malen. Ich habe mich einmal mit einem meiner Studenten fürchterlich angelegt, weil er das Nichts malen wollte. Nein, das Nichts kann man nicht malen!

S. ROMBACH: (lacht)

P. DREHER: Gerne würde ich aber Ihren Gedanken insoweit aufnehmen, als für mich ein Unterschied besteht zwischen dem, was meine Hände erfahren, und dem, was meine Augen erfahren. Das ist kein Gegensatz, aber das sind vollkommen verschiedene Erfahrungsweisen. Mich interessiert, was meine Augen erfahren.

Im Erfahren von Welt erscheint mir nur das glaubhaft, was ich sehe. Ich hoffe, damit aus den schlimmsten Widersprüchen entkommen zu sein. Ich bleibe dabei, dass mir das Sichtbare als Wirkliches wert und allein glaubhaft ist.

S. ROMBACH: Darf ich nach Ihren Ausführungen zum Unsichtbaren und zum Nichts noch einmal auf die Gegenstandslosigkeit in der Malerei zurückkommen? Sie erzählten von Ihrem einzigen Versuch, mit blinden Augen gegenstandslos zu malen, und Ihren Erfahrungen, die Sie dabei gemacht haben. Darf man das überhaupt Malen nennen, wenn der Sehvorgang keine Rolle spielt? Soweit ich Ihr Selbstverständnis als Maler begriffen habe, bedarf es doch immer eines konkreten Sehens, mithin eines konkret Gesehenen, um den Malprozess in Gang zu bringen. Stehen Sie hier im Widerspruch zu Wassily Kandinsky, der einmal gesagt haben soll, dass die Malerei, insofern sie den gesehenen Gegenstand malt, darstellt, und insofern sie den getasteten Gegenstand malt, die Wirklichkeit selbst hat? Kandinsky meint wohl im Gegensatz zu Ihrer Auffassung, die Wirklichkeit sei das Getastete und das Gesehene sei deren Abbild?

P. DREHER: Nein, ich versuche zu malen, was ausschließlich dem Auge und nicht dem Tastsinn zugänglich ist.

S. ROMBACH: Eine Rundung z.B. eines dreidimensionalen Körpers sehen wir ja im eigentlichen Sinne nicht. Dabei handelt es sich immer schon um eine über das unmittelbare Sehen hinausgehende Erfahrung, die auf einer Vernetzung mit früheren Wahrnehmungen basiert und das ursprünglich zweidimensionale visuelle Sinnesfeld übersteigt. Aber ertasten können wir eine solche Rundung doch ohne Zweifel. Im Tasten ist jedes Mal das Unmittelbare gegeben. Selbstverständlich entwickeln wir auch beim Tasten – obzwar nur sehr untergeordnet – bleibende Erfahrungen, die sich als Tast-Erfahrungen festsetzen und für künftige Tasterlebnisse Prägungen hinterlassen. Doch ergeben sich daraus im Gegensatz zum Sehen keine neuen Tastweisen. Möglicherweise entstehen dadurch aber neue Sichtweisen, d.h. Übertragungen auf das Sehen.

Das Sehen speist sich stets aus früheren Erfahrungen, wie Sie es ja selbst aus eigenem Erleben heraus bereits beschrieben haben. Sie sagten, Sie unterscheiden zwischen dem Malen dessen, was man weiß, und dem Malen dessen, was man sieht. Wenn ich diese Flasche hier anschaue von dieser Seite, so sehe ich nicht, ob die Rückseite gleichfalls rund ist. Sie könnte auch flach sein. Aber ich weiß oder nehme auf Grund früherer Erfahrung an, dass auch ihre mir abgewandte Rückseite rund ist. Beim Tasten ist das anders. Im Tastfeld erfahren wir stets in gewisser Unmittelbarkeit. Dieser ganze Zusammenhang könnte vielleicht der Hintergrund von Kandinskys Gedanke gewesen sein.

Obwohl Sie von ganz anderen Voraussetzungen ausgehen, sind Sie möglicherweise denselben Weg gegangen wie Kandinsky. Indem Sie sich so sehr vom reinen Sehen und vom Bild einnehmen lassen, dass Sie ganz im Bild und im Sehen aufzugehen versuchen, stellen Sie eigentlich nicht mehr dar. Sie halten sich – ähnlich wie beim Tasten – ganz in der Wirklichkeit des Sehens und eben nicht des Gesehenen auf. Das Tasten ist ja auch kein Darstellen, sondern eine unmittelbare Begegnung mit der Oberfläche des Gegenstandes. Sie können das Tasten nicht übersetzend darstellen. Aber das Sehen kann im Bild zur Darstellung kommen.

Wir gelangen hier in wahrnehmungs-phänomenologische Bereiche, die vielleicht Ihr Selbstverständnis Ihrer Malerei anregen könnten.

Wahrscheinlich ist das Ihr ganz eigener Weg, Ihre ganz eigene Idee gewesen, dieses Gegenstandslose in der Unmittelbarkeit des Sehens von Gegenständen und nicht in der objektiven Abstraktion vom Gegenständlichen aufzuspüren.

P. DREHER: Wenn ich mich recht erinnere, ist Husserls Beispiel der Tisch. Ein Tisch, der in seiner Gesamtheit auch nicht gesehen werden kann.

Sondern man weiß, dass es ihn gibt. Einen Tisch kann man ja als ganzen, in einem Schlage nicht ertasten. Das Gleiche gilt natürlich auch für eine ‚*Flasche*'. Wir sind bei sukzessiver Bildung des Gegenstandes Flasche auf unsere visuelle Imagination angewiesen. Hier besteht eine Analogie zu den Kubisten, die eine Sache rundum, d.h. alle Seiten in einem Bild darstellen wollten.

Hier würde ich gerne anfügen, dass manche Kollegen immer wieder sagen, dass ich eigentlich flach sehe. Dass meine Bilder eigentlich flach sind. Das akzeptiere ich auch – nicht unbedingt begeistert –, aber es ist einfach eine Tatsache. Und das Merkwürdige ist, dass ich erst nach einem gewissen Erstaunen festgestellt habe, dass es offenbar Menschen gibt, die die Dinge plastisch sehen oder runder oder wie man das ausdrücken will, formenkörperhafter oder so – und nicht nur Bildhauer. Ich denke, dass ist einfach eine Gegebenheit, mit der man wahrscheinlich geboren wird, so wie man mit einer kurzen Nase geboren wird. Als mir das deutlich wurde, stellte ich fest, dass ich tatsächlich die Realität flach sehe, also als Bild sehe. Man kann diese Einschränkung als Vorteil nehmen, weil ich sozusagen die Welt schon als Bild sehe und gar nicht mehr viel zu tun brauche, um sie dann auch als Bild darzustellen. Im Weg vom Körperlichen zur Fläche steckt schon ein großer Abstrahierungsvorgang, eine große Leistung des menschlichen Geistes, der die Dinge loslöst aus ihrer naturgegebenen Verankerung und eine Chance zur Verwunderung enthält.

Die Eigenwirklichkeit des Bildes als „Realität sui generis“

S. ROMBACH: Kommen wir noch einmal auf die phänomenologische Reduktion und auf die Einklammerung der Existenz, des Seins der Welt, der Wirklichkeit, zurück. Jedes Bild ist ja als Bild schon eingeklammerte Existenz. Denn niemand wollte behaupten, das gemalte Glas sei ein wirkliches Glas. Das Bild bleibt stets ein gemaltes Glas. So wie auch jeder Künstler weit davon entfernt ist, mit seinem Bild einen Beweis für die Wirklichkeit des Abgebildeten liefern zu wollen. Auch würde kein Bildhauer sagen, seine Plastik sei die Wirklichkeit des Dargestellten.

Es ist von vornherein jedem Betrachter eines Bildes klar, dass es keinen Existenzanspruch des darin abgebildeten Gegenstandes, des Sujets, in sich trägt, und damit auch keinen erkenntnistheoretischen Anspruch einer bestimmten Gegebenheit des

Gegenstandes, z. B. die eines wie auch immer zu verstehenden An-sich-Seins eines individuellen Gegenstandes. Sowohl für das Bildobjekt, womit die im Bild erscheinende Illusion eines Gegenstandes bezeichnet ist, als auch für das Sujet, den dargestellten Gegenstand, wird kein Existenzanspruch erhoben. Mit anderen Worten: Das Bild selber erhebt keinen Anspruch, dass es die Wirklichkeit des individuellen Glases sei oder diese gar bescheinige. Das Bild ist einfach nur ein Bild vom Glas, während das abgebildete, individuelle Glas seine eigene Existenz haben mag oder nicht.

Das Bild als Bild verstanden sagt gleichsam von sich selbst: *Ich bin nicht wirklich und kann die Wirklichkeit auch nicht einholen.*

Hieran anknüpfend möchte ich Ihnen die Frage stellen: Gibt es in Ihrer Malerei neben der Wirklichkeit des Bildträgers (Leinwand und Farbe) nicht doch eine andere Form der Wirklichkeit des Bildes, an die Sie sich annähern wollen?

P. DREHER: Die Individualität spielt überhaupt keine Rolle. Als ich mir vorgenommen hatte, das zu machen, habe ich einfach gegriffen. Ich mochte immer schon gerne Gläser und kaufte mir hin und wieder eines beim Trödler, wenn es mir gefiel. Und dieser Griff, der völlig zufällig war – es hätte auch eine andere Sache, z. B. einen Apfel treffen können –, der hat sich als richtig, als gelungen, als der beste herausgestellt. Inzwischen habe ich ähnliche Gläser gesehen, und es wurden mir auch einige gebracht. Aber es war nie mehr eines dabei, das sich so geeignet hätte. Nun zum Kern Ihrer Frage. Dieses Glas ist mundgeblasen, es wurde Ende des 19. Jahrhunderts hergestellt und hat tatsächlich noch die Individualität von mundgeblasenem Glas. Es ist also etwas schief und es hat eine Taille und es ist unregelmäßig. Die Glasstärke, die Wandstärke ist unterschiedlich. Und diese individuellen Eigenschaften sind mir kein Anlass zu zeigen, dass es das bestimmte Glas ‚*Emil*' ist. Sondern eine Anregung, mir Gedanken zu machen, ob ich eigentlich jetzt einen exakten Zylinder malen sollte oder nicht. Das wäre sozusagen die Überführung dieses Individuums in eine klassische Form. Oder ob gerade das Eingehen auf die Individualität, auf diese kleinen Abweichungen vom präzisen geometrischen Zylinder, ob gerade diese Abweichungen das Bild bereichern. Und das illustriert vielleicht, dass es eigentlich immer nur um das Bild geht und dass die Tatsache, dass das Bild ein Objekt ist mit eigener – wie man sagen könnte – mit ‚*eigener Richtigkeit*', mit eigenem Wert, dass das eigentlich das Bestimmende ist. Das Glas ist dabei nur Gegenstand wie irgendein anderer. Wobei mir daran liegt, deutlich zu machen, dass es eben ein Gegenstand ist – wenn auch ein beliebiger. Nur dass es ein Gegenstand ist, das ist wichtig.

Die Tatsache, dass der Betrachter den Gegenstand erkennt und dass dadurch Assoziationen, Emotionen, Unterbewusstes ausgelöst werden mögen, lässt mich hoffen, dass das Bild mehr sei als Farbe auf Leinwand, also ein Änigma, kurz: Kunst.

S. ROMBACH: Sind das die Gründe dafür, dass die Malerei für Sie eine Realität *sui generis* ist, wie Sie es früher einmal formuliert haben? Meinen Sie damit, dass im Bild eine ganz andere Art von Realität entsteht oder besteht?

P. DREHER: Ja.

S. ROMBACH: Dadurch, dass die Phänomenologie die Erscheinungsweisen und nicht die Gegenstände in ihrem An-sich-Sein erfassen will, stößt sie mitunter auch auf die Relativität der gegebenen Wirklichkeit. Die Relativität des uns Erscheinenden, je nachdem aus welcher Perspektive wir es sehen, in welchem Zusammenhang wir es anblicken, vor welchem Hintergrund wir es betrachten. Die Phänomenologie bleibt aber nicht dabei stehen, die Gegebenheitsweisen der Wirklichkeit in ihrer Relativität aufzuzeigen. Sie geht darüber hinaus, indem sie versucht, die möglichen Weisen, in denen uns Wirklichkeit begegnen kann, in neue Dimensionen des Wirklichen – nicht des Potenziellen –, in neue Dimensionen, wie uns Wirklichkeit überhaupt gegeben sein kann, zu erweitern.

„Freiburger Garten“ | *1979*

Öl auf Hartfaser, 42 x 42 cm x 33 cm

Ich komme noch einmal darauf zurück, dass Ihre Malerei von Ihnen als eine Realität *sui generis* erfahren und beschrieben wird. Es ist ja eine Realität, also eine Wirklichkeit, in der Ihre Bilder entstehen, in der Sie Ihr Sehen erleben und malen, in der Sie diesen Malprozess vollziehen. Könnte man das als eine neue Dimension beschreiben, die Sie dann wieder in die alltägliche, natürliche Realität mit einbringen durch Ihre Bilder? Das wäre dann eine neue Realitätsform, die sich in Ihrer Malerei zeigt. Ihr Malen ist nicht ein Abbilden des Gegenstandes, das haben wir bereits festgehalten. Und es ist auch nicht reines Abbilden der Sichtbarkeit des Gegenstandes, das haben wir gleichfalls herausgearbeitet. Ihre Malerei geht nicht in irgendeiner Darstellungsfunktion auf. Und dass sie nicht nur Darstellungsfunktion hat, zeigt sich gerade in der Glas-Serie. Den Vollzug des Sehens zeigen, den Wahrnehmungsprozess selbst zeigen, genauer das Arbeiten parallel dem Wahrnehmungsprozess mit ins Bild zu bringen, aber nicht eigens darzustellen, könnte das die von Ihnen bezeichnete Realität *sui generis* sein?

Sie brechen das konkret gegenständliche Merkmal in seinem gegenständlichen Wirklichkeitsbezug und auch in seiner gegenständlichen Gegebenheitsweise auf, indem Sie das Merkmal zwar als Maler sichten, in gewisser Weise auch zeigen, z.B. auf dem

„Türen Wittnau“ | *2000*

Öl auf Leinwand, 200 x 50 cm

*„**Stilleben mit Weihnachtsmann**" | 1999*

Öl auf Leinwand, 150 x 200 cm

Bild *Türen Wittnau* (2000). Letztlich aber machen Sie durch das nicht-abbildende – oder besser: nicht-abbilden-wollende – Bild nur auf das Sehen des Merkmals aufmerksam. Hier berühren wir das Verhältnis zwischen dem Vollzug des arbeitenden Malens und dem Bild, das ja immer auch darstellt, aber in der Darstellungsfunktion nicht ganz aufgeht, sondern über die Darstellungsfunktion hinaus eine neue Wirklichkeit schafft. Die Schöpfung oder besser Stiftung einer neuen Weise von Wirklichkeit kann selbstredend keine Darstellung der Wirklichkeit sein. Könnte man so Ihr Verständnis des Bildes als einer Realität *sui generis* gedanklich füllen?

P. DREHER: Als Antwort auf Ihre Frage möchte ich die Darstellung einer Palette auf einem Stillleben der letzten Jahre anführen. Die Farben auf der nur zu einem Teil gemalten Palette wandern von ihr herab auf den Malgrund. In der Realität würden die Farben herunterfallen. Im Bild genügt ihnen der Malgrund. Woran mir liegt, ist auszuprobieren, ob es mir gelingt, eine einfache Sache unter einfachsten Bedingungen mit der größtmöglichen Neutralität zu betrachten und darzustellen. – Ob es gelingt? – Nein, das kann mir nicht gelingen. Dabei habe ich die Hoffnung, dass das Bild Kraft und Geheimnis hat. Dass es ein schönes Bild ist.

Und dann ist mir noch etwas durch den Kopf gegangen. Das ist auch etwas, das einen beschäftigt.

Dass z. B. – auch wenn das jetzt eingebildet klingt, ist aber nicht so gemeint –, so wie ich ein Glas male, noch nie ein Glas gemalt wurde. Das ist keine Qualitätsfrage. Denn die Kunst der alten Niederländer, Gläser zu malen, ist unübertroffen. Aber für sie war offensichtlich das Glas etwas vollkommen anderes. Wahrscheinlich weil sie das Glas von vornherein beladen hinnehmen mussten, weil sie es nicht anders wussten oder nicht anders kannten oder nicht anders erfahren hatten. Ich denke, jede Zeit hat ihre eigene Art und Weise, Dinge zu sehen. Ich kann in eine andere Kultur, beispielsweise in die vor 40.000 Jahren, am besten eintauchen, wenn ich mir deren künstlerische Darstellung, in unserem Beispiel die Höhlenmalerei, anschaue. Da kann ich am besten nachvollziehen, wie die Menschen damals dachten, fühlten und lebten. Für mich sind Bilder die treffendsten und ausführlichsten Mitteilungen über eine Kultur, ob die nun 40.000 Jahre oder 300 Jahre zurückliegen.

S. ROMBACH: Könnten Sie versuchen, einen Hinweis zu geben, wo das spezifisch Eigene Ihres Glasmalens im Vergleich z.B. zur Brillanz der Gläser in der niederländischen Genremalerei des 17. Jahrhunderts liegt?

P. DREHER: Ja, das ist relativ einfach. Ein Niederländer malt eigentlich, wenn ich es einmal so weit reduzieren darf, immer nur den oberen Rand vom

Glas. Und das ist ein weißer, ein sehr heller Strich. Ein helles Oval, er malt nur das, was aufscheint. Und dann malt er noch ein Stückchen vom Fuß. Er malt auch die Spiegelung des Fensters in das Glas. Das ist ein wunderbarer Illusionismus, der zum einen das Geheimnis, zum anderen aber auch alles transportiert, was damals für einen niederländischen Stilllebenmaler wichtig war. Also der bürgerliche Reichtum, der sich darin ausdrückt. Denn ein Glas war ja etwas Wertvolleres, als es das heute ist. Möglichst enthielt das Glas noch Rotwein, und das war auch wieder ein Ausdruck von persönlichem Reichtum. Und in meinem Fall ist es so, dass ich versuche, vollkommen hintanzustellen, was in irgendeiner Weise etwas Geheimnisvolles oder etwas Effektvolles sein könnte. Bei mir ist das Glas eigentlich etwas völlig Flaches, und immer wieder – zu meiner Zufriedenheit übrigens – sagen die Leute, dass es eigentlich, wenn sie sich es ein bisschen länger ansehen, kein Glas mehr ist. Dann ist es eine Fläche, die in einer bestimmten Art und Weise strukturiert oder gestaltet ist. Und das finde ich sehr zutreffend, denn etwas anderes ist es nicht. Es ist eine Fläche, in der sich Farbinseln, wie ich vorhin schon sagte, zueinander verhalten und eine nach der anderen auf die Fläche des Bildträgers gesetzt wurde. Und ich muss sagen, dass es mich wundert, wenn am Ende immer noch die Illusion von einem Glas erscheint.

Während des Malens schaue ich mir einen Flecken, ein Inselchen, ein Detail nach dem anderen an und setze diese aneinander. Ich kann natürlich nicht ausschalten, dass ich weiß, dass ich da ein Glas male. Das ist ja klar. Aber so male ich tatsächlich.

Mir passiert es immer wieder beim Malen – das klingt jetzt fast schon wieder ein bisschen mystisch, aber es ist eine ganz simple Tatsache –, dass ich denke, es wäre jetzt ganz schön, wenn an dieser Stelle eine Dunkelheit auftauchen würde. Und dann schaue ich hin, auch wenn ich das schon 4000-mal gemacht habe und das auswendig kennen sollte, aber dann schaue ich immer wieder hin und dann sehe ich, dass da tatsächlich eine Dunkelheit ist. Also das Bild hat mir etwas diktiert, was ich in der Realität wieder finde. Und das ist etwas sehr Merkwürdiges, weil ich es einfach nur schildern kann. Ich kann es nicht erklären.

S. ROMBACH: Ja? Sehr spannend! Kann man das so verstehen, dass etwas geschieht zwischen dem Sehen der Wirklichkeit und dem Bild, wobei Sie selbst neutral bleiben?

P. DREHER: Genau.

S. ROMBACH: So zwingt auch das Bild Sie zu etwas und nicht nur die Wirklichkeit? Könnte man vielleicht sagen, dass Sie manchmal dem Bild näher sind als der Wirklichkeit?

P. DREHER: Ja, ganz genau.

S. ROMBACH: Denn die Wirklichkeit ist mehr dadurch strukturiert und geprägt, wie wir sie immer schon zu sehen gewohnt sind. Während das Bild sich einem neuen Sehen öffnen kann.

P. DREHER: Ja.

S. ROMBACH: In dem, was Sie für das wirkliche Glas halten, ist mehr von Ihnen enthalten, als in dem, was Ihnen die Zweidimensionalität des Bildes aufoktroyiert oder vorgibt.

P. DREHER: Ja, ich freue mich richtig, weil es sehr zutreffend ist, was Sie sagen. Das ist auch ganz original. Das habe ich auch noch nie irgendwo gehört.

S. ROMBACH: Jede neue Einsicht wäre nur eine Frucht unserer tastenden Begegnung und der gegenseitigen Annäherung der Verständnishorizonte. Den Boden dafür liefert letztlich das, was Sie während des Malprozesses vollziehen und erfahren. Wobei das ursprüngliche Vollziehen immer mehr ist als das, was wir dabei tatsächlich erfahren und am Ende nur unvollkommen mitteilen können.

Sie kamen bereits mehrmals auf das Geheimnis zu sprechen. Eben haben Sie in Bezug auf die Niederländer davon gesprochen. Als Sie das Geheimnis zum ersten Mal erwähnten, hatte ich den Eindruck, auch in Ihrer Malerei gäbe es einen Ort für das Geheimnis. Habe ich das missverstanden?

Das Geheimnis in der Malerei

P. DREHER: Nein, es sind nur zwei verschiedene Auffassungen dessen, was ich unter Geheimnis verstehe.

S. ROMBACH: Vielleicht kann man wesenhaft nichts Letztgültiges zum Geheimnis sagen. Aber wir können es ja einmal ertasten, was Sie meinen. Der Begriff des Geheimnisses kann in zwei Grundbedeutungen entfaltet werden: zum einen das Geheimnis im Sinne des spirituellen Geheimnisses, als das dem Menschen wesenhaft Verborgene und bleibend Unzugängliche, und zum anderen das Geheimnis in Sinne des änigmatischen Geheimnisses, als das bloß Rätselhafte, jetzt noch Undurchschaubare, möglicherweise aber künftig einmal Erfassbare. In welche Richtung würden Sie eher tendieren, wenn Sie dies, was Sie in Ihrer Malerei als Geheimnis erfahren, beschreiben wollten?

P. DREHER: Wenn ich es in meinen Worten sagen darf, dann ist das Geheimnis bei den Niederländern etwas, was sie aus der Realität bezogen, was man sehen konnte. Dass, wenn wir in der Realität sehen, irgendwo noch ein Rest von Geheimnis sich uns mitteilt. Man sieht das reale Glas nicht, sondern nur einen dünnen Lichtstreifen und schließt daraus, dass es ein Glas ist. Da wird sozusagen das Geheimnisvolle im Bild verwendet oder dargestellt. Das war der eine Sinn, in dem ich das Wort gebrauchte. Und der andere war, dass meine Hoffnung darin besteht, dass im Bild, welches etwas Simples ganz simpel darstellt, dass dort sich doch noch etwas zeigt, was nicht rational erklärbar ist, das uns aber trotzdem in irgendeiner Weise ergreift oder angeht. Beantwortet das Ihre Frage?

S. ROMBACH: Ja, ich glaube, Sie haben jetzt in klaren Worten Ihr eigenes Empfinden zum Ausdruck gebracht und darauf zielte meine Frage. Es war mir nicht darum zu tun, dass Sie sich für einen meiner Vorschläge A oder B entscheiden, sondern darum, besser zu verstehen, wie Sie es erleben.

P. DREHER: Es hat wohl beides etwas zu tun mit Verständnis von Welt, denn das Wort Geheimnis in einem märchenhaften oder romantischen Sinne ist mir fremd.

S. ROMBACH: Einer meiner Vorschläge, das Geheimnis zu deuten, ging in Richtung auf das uns Entzogene, Verborgene, das ja in seiner Weise sich doch andeutet, zwar nicht als es selbst, aber in einem anderen, worin es nur durchscheint und nicht als es selbst fassbar wird. Darunter könnte man auch das in den verschiedenen Kulturen und Religionen auf je eigene Weise erfahrene und überlieferte Numinose verstehen, z. B. das Heilige oder das Göttliche in seiner mächtigsten Gestalt, das uns zugleich anziehen und erschrecken kann. Gerade der in der niederländischen Malerei des 17. Jahrhunderts sich vollziehende Übergang zur Genremalerei ist im Wesentlichen geprägt von der Überwindung der Begrenzung der Kunst auf das Religiöse als alleiniges Sujet der künstlerischen Darstellung. Die in der niederländischen Malerei des 17. Jahrhunderts zum Durchbruch gelangende Entdeckung der Alltagsszenen als Gegenstand der Darstellung geht doch zumindest äußerlich von einem transzendenten, religiösen Sinn weg. In den sakralen Bildern, überhaupt in der religiösen Kunst ist immer auch der Glaube an das wesenhaft undurchschaubare Geheimnis des Heiligen oder des Göttlichen als Welthorizont mitthematisch. Bleibt aber in der Eroberung des Alltäglichen durch die niederländische Genremalerei nicht doch ein Rest des Geheimnisvollen erhalten? Wäre dieser leise Rest des Geheimnisvollen, der selbst im alltäglichen Gegenstand noch ‚*anwest*', vielleicht ein weltlicher Charakter von Offenbarung, den auch Sie empfinden, wenn Sie diesen äußerst neutralisierten Gegenstand ‚*Glas*' immer wieder malen? Das wäre ein spezifischer Offenbarungscharakter der Erfahrbarkeit von Welt in einer ganz ursprünglichen Weise, die zunächst nicht in einem personal-göttlichen Sinne verstanden sein muss. Offenbarungscharakter in einem Sinne, der Ihren Zugang zur Wirklichkeit ‚*Glas*' kennzeichnet.

Insbesondere in der neuzeitlichen Philosophie stand paradigmatisch im Vordergrund, dass wir Menschen es sind, die wir die Welt ergreifend wahrnehmen, die wir durch unser Denken Welt erkennen, die wir die Gegenstände bestimmen. Darüber hinaus hat die neuzeitliche Philosophie der Subjektivität sogar postuliert, dass wir die Welt nicht nur wahrnehmen und erkennen, sondern dass das Subjekt die Welt gemäß der ihm eigenen Regeln des Denkens und Anschauens (Kant) entwirft und dadurch erst wahrheitsfähige Erkenntnis möglich wird. In der Philosophie Hegels wird dieser Ansatz bis an seine Grenzen ausgearbeitet, indem der transzendentale Idealismus Kants in einen absoluten Idealismus sich verwandelt. Für den absoluten Idealismus ergibt sich aller Sinn, den wir von Welt und Weltlichem und sogar auch von unserem eigenen Sein haben, allein als Leistung des absoluten Geistes. Diese Grundgedanken wurden erst sehr spät, nämlich im 20. Jahrhundert, ins Wanken gebracht, indem man von nun ab versuchte, wieder unvoreingenommen vom Gegenstand, vom Objekt aus zu denken. Und dieser Neuansatz, der wesentlich von der Phänomenologie Husserls hervorgerufen wurde, nahm seinen Anfang nicht von einem empiristischen oder materialistischen Standpunkt aus, sondern suchte möglichst vorurteilsfrei die Gegenständlichkeit zu denken als ein Sich-Zeigen der Gegenstände. Im Gegensatz zu einem ergreifenden Erkennen der Gegenstände durch das Subjekt könnte man auch von einem Sich-Offenbaren der Gegenstände mitsamt ihren Verständnishorizonten sprechen.

Zum besseren, mehr illustrierenden Verständnis möchte ich Sie an die Dichtung der Romantik erinnern. Lassen Sie mich eine Verbindung versuchen. Ich glaube, dass Sie zu den immer weniger werdenden Menschen gehören, die ‚*eine Quelle im Moosgrund*' als etwas zu erleben vermögen, das sich uns von sich selbst her als ein zart gefügtes Lebendiges zeigt, uns in seiner eigenen Schönheit angeht, anspricht und in eine ganz eigene Weise der Begegnung hineinführen kann. In diesem Angegangen-Sein sind wir nicht aktiv, indem wir mit unseren Sinnen wahrnehmen, erkennen und ergreifen, was da einfach faktisch ist, sondern wir sind in Anspruch genommen von der Schönheit, der Einzigartigkeit oder der Offenheit eines so zu uns ‚*Sprechenden*'. Wir sind eingenommen vom Sich-Offenbaren einer kleinen, schönen Naturidylle, eingebettet in die Landschaft. – Das wäre ein bildliches Beispiel des Offenbarungscharakters von Welt, worin Welt im Sich-von-sich-her-Zeigen, in ihrem sich-offenbarenden Wesen aufgeht. Ich wählte diese zugegeben romantisch aufgeladene Naturstimmung, um fühlbar zu machen, dass Welt mehr bedeutet als die erkennbare Summe und die Anordnung der Dinge und Fakten in der Welt. In diesem Zusammenhang würde ich Sie gerne fragen: Liegt das nicht auf der Linie Ihres Erlebens und damit auch Ihres Malens? Fühlen Sie sich nicht auch von Ihrem Glas immer wieder aufs Neue angesprochen? Und geschieht das nicht eher in einer vom Gegenstand ausgehenden Offenbarung als in einer von Ihrem Ich ausgehenden Ergreifung? Würde das nicht wieder mit der Neutralität, die Sie in Ihrem Werk anstreben, übereinstimmen? Die Neutralität würde sich jetzt dadurch beweisen und bewähren, dass plötzlich sich etwas zeigt, was Sie anspricht, obwohl Sie es gar nicht erkannten, suchten oder gar zu analysieren begannen. Ich meine damit etwas, das Ihnen in der malenden Begegnung mit dem Gegenstand aufgeht, das aber nicht im wahrgenommenen Gegenstand als Faktum schon liegt. Denn der Gegenstand, die Wirklichkeit ist ja zunächst durch unsere Sinne und durch unsere Sichtweisen vermittelt.

P. DREHER: Ja.

S. ROMBACH: Kann man das Geheimnisvolle, wie Sie es verstehen, als Offenbarungscharakter von Welt, von Gegenständen, wie ich es eben zu beschreiben versuchte, deuten?

P. DREHER: Ja, mir ist das Ergreifen-von-Welt und das Eingreifen-in-Welt immer fremd geblieben, auf welchem Gebiet auch immer. Über diesen Charakter des Sich-Öffnens der Dinge oder von Welt denkt sicher jeder nach. Was mir verwunderlich scheint, was mir auffällt an mir selbst, ist die ungeheure Fülle von Welt, dieses Ganze von Welt, das wir nicht einfach so hinnehmen können. Denn all dies in der schon besprochenen Neutralität hinzunehmen, würde uns bei weitem überfordern. Also muss es einen Mechanismus geben, in jedem von uns, der ihn sozusagen offen sein lässt für einige Dinge in der Welt, die ihn anspringen oder die ihn etwas angehen oder so. Und da ist meinem Erleben nach ein Austausch am Werk. Zum einen müssen die Dinge sprechen, zum anderen muss auch ich ihre Sprache sprechen und verstehen.

S. ROMBACH: Oder ihre Sprache sprechen lernen?

P. DREHER: Ich glaube, das ist angeboren. Also dass wir alle mit einem gewissen Repertoire geboren werden. Ich weiß, das mag mystisch klingen, ein wenig überzogen. Aber Sie verstehen, was ich damit meine?

S. ROMBACH: Ja doch. Ganz gut, glaube ich.

Das Bild als Findung

P. DREHER: Wir bringen unser Repertoire mit. Und dann wird es natürlich verfeinert und geklärt und bereichert im Laufe des Lebens. Ich denke, dass das, was Sie Ergreifen nennen, nicht so viel zu tun hat mit dem, worüber wir schon sprachen. Ergreifen meint doch, dass man etwas einsetzt, was einem als geeignet erscheint, etwas auszudrücken, was man sich zurechtgelegt hat und was dann in seinem über den Gegenstand hinausgehenden Symbolgehalt dazu dient, einen Gedanken, ein Bewusstsein, einen Glauben, eine Überzeugung oder eine Einsicht am besten zu verdeutlichen. Dieser Vorgang ist mir in meinem Arbeiten fremd.

S. ROMBACH: Ihre Weise des Zugangs zum Gegenstand kann also gerade nicht als ein beherrschendes Ergreifen gefasst werden?

Sie hatten vorhin ganz konkret davon gesprochen, wie Sie auf das Sujet ‚*Glas*' gekommen sind. Dürfen wir das eine Findung nennen, eine Gegenstandsfindung? Auch Sie verwenden, wenn ich mich recht erinnere, die Termini Findung und Bildfindung. Die Gegenstandsfindung als Findung des Sujets auf der materiellen, tatsächlichen Ebene der historisch-biografischen Ereignisse kommt ja nicht der Bildfindung gleich. Auf der Ebene der Gegenstandsfindung haben Sie das Glas für sich gefunden. Die Bildfindung aber ist etwas ganz anderes. Wenn ich es richtig verstanden habe, so geschieht diese jedes Mal neu, wenn Sie wieder dasselbe Glas malen.

P. DREHER: Ja, aber auch die Findung des Glases geschah aus dem oben besprochenen unbewussten Einsatz meines spezifischen angeborenen Repertoires heraus.

S. ROMBACH: Gehen wir nun von dem kurz skizzierten Offenbarungsgeschehen und dem Rufcharakter der Gegenstände und der Welt aus. Was kann also das Sich-von-ihm-und-an-ihm-selbst-Zeigen des uns Begegnenden in Ihrer Malerei bedeuten? Es ergibt sich die Frage an Sie, ob das Glas Sie ruft und Sie findet? Finden Sie das Glas und findet sich das Glas in einem gelingenden Bild? Wenn ja, wie vollzieht sich diese Bildfindung? Die Bildfindung müsste in der Struktur des Sich-Offenbarens ihren Ort haben, weil in der Findung gleichwie in der Offenbarung eine gewisse Passivität, ein gewisses Hinnehmen des Malenden begründet liegt. Es kommt vom Gegenstand her etwas auf uns zu, was wir nicht selbst bewirken. Bildfindung meint wohl das Gelingen dieses einen Gemäldes?

P. DREHER: Der Gedanke, dass das Glas mich findet, ist mir auch fremd. Aber das Wort Passivität ist vollkommen richtig. Und ich meine eine Passivität, die man auch als aktives Vorgehen nehmen kann. Selbstverständlich klingt das wie ein Widerspruch. Doch wenn man sich bemüht, passiv zu sein – das hat wieder mit dem zu tun, was wir zuvor besprachen –, dann handelt es sich doch dabei um eine aktive Bemühung, die natürlich im Zusammenhang des ablaufenden Malprozesses steht. Also dass ich nur ein kleines Rädchen bin in einem komplexen Räderwerk, das vor mir liegt und hinter mir liegen wird. Und als solches sehe ich mich auch. Das ist die Individualität, die ich nicht vermeiden kann. Aber Passivität so weit wie möglich. Und die scheint mir in Frage gestellt, wenn ich mich vom Glas ergreifen lasse. Insofern versuche ich, mich weder von mir noch vom Glas ergreifen zu lassen. Und das Einzige, was am Ende da ist und gefunden ist, ist das Bild. Das Glas steht da. Vielleicht kann ich das illustrieren. Ich weiß nicht, ob Sie das letzte Buch kennen, das ich eben herausgegeben habe, darin ein fotografiertes Glas 650-mal abgebildet ist. Kennen Sie das? Da habe ich versucht, das sozusagen im Bild darzustellen, was für mich das Glas bedeutet. (reicht das Buch)

S. ROMBACH: (blättert im Buch) Das sind also Fotografien Ihrer Gemälde?

P. DREHER: Nein, das sind Fotografien von dem tatsächlichen Glas, so wie es vor mir steht. Dieser Gedanke, dass die Dinge uns ergreifen und nicht wir die Dinge – kann man das ernsthaft so einfach ausdrücken? Ich hatte gesagt, ich finde nicht das Glas, sondern das Bild.

S. ROMBACH: (blättert weiter im Buch) Also müsste man sagen: Das Glas findet nicht Sie, sowenig wie auch Sie nicht das Glas finden, sondern was Sie finden, was vielleicht sich findet, ist das Bild.

P. DREHER: Ja, dieser Gedanke ist mir sehr sympathisch. Bisher haben wir die Dinge ergriffen

„Das Glas" | 23.02.03

und uns untertan gemacht. Der Gedanke, dass die Dinge uns ergreifen, ist mir so sympathisch, weil er im Gegensatz steht zum Beherrschen der Dinge. Aber vielleicht kann es sein, dass es für mich eine historische Frage ist. Gerade weil uns das erste Bewusstsein seit Tausenden von Jahren geprägt hat, ist es so schön, dass dem nun etwas entgegengesetzt wird. Und meine Hoffnung wäre, dass sich die Frage in weiteren tausend Jahren erledigt hat, und die Dinge frei hingenommen werden, so wie sie sind.

Darf ich das noch fragen? Ich meine, dass ich damit vom philosophischen Denken, dem Husserl'schen, wie ich es auffasse, ein klein wenig verstanden habe.

S. ROMBACH: Ohne Zweifel bezeugt Ihre hinnehmende Grundhaltung gegenüber dem Gesehenen eine große Nähe zu Husserls Prinzip der Prinzipien, das da lautet: *„Dass jede originär gebende Anschauung eine Rechtsquelle der Erkenntnis sei, dass alles, was sich uns in der ‚Intuition' originär darbietet, einfach hinzunehmen sei, als was es sich gibt, aber auch nur in den Schranken, in denen es sich da gibt."* (E. Husserl, *Ideen zu einer reinen Phänomenologie und phänomenologischen Philosophie,* Bd. 1, 1913)

Ich glaube, dass sich in Ihrer Malerei die Weise, in der Husserl versucht, den Bezug zwischen transzendentalem Bewusstsein und Welt zu thematisieren, in einer nicht analytisch reflektierten Art unmittelbar ausdrückt. Indem Sie im Nachhinein über das, was Sie im Malprozess erfahren, reflektieren, können Sie zu ähnlichen, zwar nicht transzendentalen, aber doch analogen Selbstbeschreibungen Ihres Tuns kommen, wie Husserl in seinen phänomenologischen Analysen zu Selbstbeschreibungen seiner Wahrnehmungserlebnisse gelangt.

Die Malerei hat gegenüber der Phänomenologie einen großen Vorteil. Sie kann das Erlebte anschaulich entdeckbar machen auch für andere Menschen. Und vor allem kann sie das unmittelbarer, als es einer wissenschaftlichen Philosophie möglich ist. Die Malerei kann etwas unmittelbarer entdeckbar machen für andere Menschen, indem sie das Sehen sehender macht und damit einen Boden bereitet, das neu Entdeckte, die neue Sichtweise z. B., intersubjektiv zu bewähren.

P. DREHER: Was meinen Sie mit ‚*bewähren*'?

S. ROMBACH: Mit ‚*Bewährung*' meine ich, die Bildfindungen in ihrer Triftigkeit, in ihrem Stimmen noch einmal für andere nachvollziehbar zur Geltung zu bringen. Wir Phänomenologen beschreiben z. B. ein Phänomen innerhalb des Sehfeldes und es ist natürlich leicht möglich, dass es nicht adäquat in Worte gefasst wird. Eine inadäquate Darstellung einer Entdeckung kann es in der Malerei nicht geben. Sie bekommen das Phänomen dann nämlich überhaupt nicht ins Bild, weil das

Bild selbst wieder ein *‚Sehding'*, wenn auch eigener Art, ist. Der Phänomenologe bedarf aber der Sprache, die ein linearisierender Vorgang ist. Wir schreiben etwas über das Sehen. Da kann man auch Falsches schreiben. Aber man kann doch über das Sehen eigentlich nichts Falsches malen, denn dann sähe man es überhaupt nicht, oder?

Die Wahrhaftigkeit der Malerei.
Zweidimensionales Sehen

P. DREHER: Ich würde sogar noch einen Schritt weitergehen. Ich würde sagen, ich kann jemanden in seinem Wesen erkennen. Man kann nicht lügen. Es ist unmöglich zu lügen, wenn man malt. Und auch die schlechtesten Bilder kann man nicht als Lügen bezeichnen. Man kann sie nur als schlecht bezeichnen, oder als falsch verstanden. Aber lügen kann man nicht.

S. ROMBACH: Man kann also nichts *‚Falsches'* malen? Nicht einmal unbewusst etwas Unwahres malen? Und Lügen als das bewusste Sagen von Unwahrem, sagen Sie, sei gleichfalls ganz unmöglich in der Malerei?

P. DREHER: Ja. (lacht)

S. ROMBACH: Man kann nicht lügen, man kann nichts Falsches sagen. Man kann nur etwas sagen oder gar nichts sagen beim Malen?

P. DREHER: Genau. Es gibt oberflächliche, schicke, routinierte, plappernde, dumme, langweilige, gelangweilte Malerei, aber keine lügende.

S. ROMBACH: Wir sprachen über die Phänomenologie der visuellen Wahrnehmung, also des Sehens. Gehen wir weiterhin davon aus, dass wir beim Malen etwas über das Sehen sagen wollen. Das ist ja gerade das, was Ihre Kunst zu einer möglichst neutralen Form von ‚*Wahrheitsgestaltung*' werden lässt. Zu Ihrer Konzeption der Neutralität gehört auch, dass Sie auf Symbole und Zeichen verzichten, denn darin läge ja vielleicht doch die Möglichkeit zu lügen oder besser Falsches zu sagen.

P. DREHER: Das stimmt. Wobei die Lüge natürlich woanders herkommt.

S. ROMBACH: Hier liegt also doch die Möglichkeit, Falsches zu sagen, unbewusst? Was ja oft geschieht.

P. DREHER: Sie meinen in der Malerei.

S. ROMBACH: In der Malerei kann man mit Symbolen und Zeichen doch auch etwas Falsches sagen, oder?

P. DREHER: Da betreten wir wieder ein interessantes Terrain. Dazu will ich nur kurz sagen, dass z. B. die nationalsozialistische Malerei tatsächlich auf den ersten Blick schäbig und verlogen und propagandistisch daherkommt. Nur denke ich, das, was daran in dieser Weise falsch ist, das kann man nicht der Malerei anlasten, sondern nur dem, was von ihr verlangt wurde. Also etwas, was bereits da ist, was vorgeprägt ist, gedanklich, politisch, wie auch immer, und das gibt man als Aufgabe dem Maler und der malt dann auftragsmäßig das, was er verstanden hat von den Ideen der Propagandisten. Aber er selbst lügt nicht. Er transportiert nur die Lüge ins Bild.

S. ROMBACH: Hochinteressant! Wenn der Künstler die Lüge ins Bild transportiert, würde er ja eine große Wahrheit sagen und damit den menschenverachtenden, primitiven Machthabern von damals einen Bärendienst erwiesen haben. In der im ‚*Monumentalismus*' der Nationalsozialisten zum Vorschein kommenden Hybris drückt sich der damals herrschende Zeitgeist bzw. die Weltsicht der Herrschenden aus. Der Künstler würde also nicht lügen, brächte er diese zur Darstellung? Das gälte aber doch nur, wenn der Künstler nicht selbst diesen Ideen anhängt, nicht selbst auch Erfinder dieser Lüge ist.

P. DREHER: Nein, er kann nur im Sinne der Auftraggeber ein unterschiedlich guter Transporteur sein. Er kann ein Transporteur sein, der das Transportierte bezweifelt oder sogar in Frage stellt. Oder er kann den Auftraggebern glauben und sagen, dass das ja toll ist, aber nicht eigentlich lügen. Das hat nichts mit der Wahrhaftigkeit der Malerei zu tun, ganz gleich wie er dazu steht, was er da transportiert.

Eben kommt mir im Gespräch, dass ich ja auch etwas transportiere. Deswegen finde ich unsere Gespräche auch immer sehr schön. Wenn ich das nun so simplifizierend sagen darf: Ich transportiere eine bestimmte Weltsicht, die ich bei Husserl irgendwie wieder finde. Insofern kann ich mich davon eigentlich nicht freimachen. In gewisser Weise transportiere ich ebenfalls eine Weltsicht, die auch in einer Gestalt manifest wurde. Das nur als ein Nachtrag.

S. ROMBACH: Mich würde noch Ihr Verhältnis zur Bildhauerei interessieren. Und zwar auf Grund dessen, was wir vorhin als Kern unseres Gespräches empfunden haben, nämlich die unmittelbare Zweidimensionalität des Sehens, die der Malerei vorgegeben ist. Grundsätzlich lebt die Malerei im Bereich der Zweidimensionalität und die Bildhauerei im Bereich der Dreidimensionalität. Meine Frage wäre: Könnte man eigentlich in dem Sinne, wie Sie malen, d.h. wie Sie Ihre Malerei verstehen, könnte man so auch bildhauerisch tätig sein? Ich denke: nein! Denn der Bildhauer kann doch eigentlich die Sichtweisen, z.B. die Sichtbarkeit des Lichts usw. gar nicht darstellen. Da den Werken der Bildhauerei die gleiche Dimensionalität anhaftet, wie sie auch dem dargestellten Gegenstand eigen ist. So sind doch im Grunde genommen die Farbschattierungen, die unterschiedlichen Lichteinfälle in der Plastizität gar nicht künstlerisch wiederzugeben, weil der Bildhauer im Medium der dreidimensionalen Wirklichkeit selbst arbeiten muss. Hat insofern die Bildhauerei prinzipiell nicht die Möglichkeit, das zu leisten, worum Sie sich in Ihrer Malerei bemühen?

P. DREHER: Das ist eine interessante Frage, über die ich noch nie wirklich nachgedacht habe. Höchstens insofern, dass ich glücklich bin, Maler zu sein und nicht Bildhauer. Und zwar weil die Malerei eine höhere Abstraktionsform darstellt. Das haben Sie alles jetzt schon ausgedrückt. Das ist etwas, woran mir auch liegt. Die Malerei ist eigentlich gar nicht so weit entfernt von der Schrift. Das sind ja auch zweidimensionale Botschaften, die noch abstrakter sind als die Malerei und dann zusammengesetzt uns wieder eine Welt eröffnen – im Kopf. Vielleicht drückt sich mein Verhältnis zur Bildhauerei am besten darin aus, dass ich die Werke der Bildhauerei auch flach sehe. Also ein Relief befriedigt mich sehr. Weil durch die Schatten, die ein Relief evoziert, Welt dargestellt wird. Und das kann ich flach lesen. Und die schönsten Plastiken, die ich kenne, sind die Jünglingsfiguren, die griechischen Kouroi von etwa 700 v. Chr., also auf Kreta und in Athen.

Diese Kouroi kann ich sozusagen als Flächen lesen. Und das kommt mir oder meinem Verständnis entgegen. Je vollplastischer und realistischer die Sache wird, desto schwieriger wird es für mich, die

Sache zu glauben oder zu hoffen, dass ich sie wirklich verstehen kann. Also die späteren Sachen wie die Göttin Nike oder Ähnliches im Louvre, da gehe ich am liebsten dran vorbei, weil ich aus früheren Erfahrungen weiß, dass sich bei mir immer das Gefühl eines Defizits einstellt. Ich kann fünfmal herumwandern ohne das Gefühl zu verlieren, es nicht recht verstanden zu haben. Ich habe die Figur zwar verstanden, so wie ich einen Menschen als vollplastisches Phänomen wahrnehme, aber was darin als Kunst auf mich übertragen werden soll, als Geheimnis, das verstehe ich nicht. Das liegt vielleicht daran, dass ich die Dinge flach sehe. Ich wollte damit illustrieren – wenn ich einmal ganz egoistisch Recht haben darf –, dass diese Form von Geheimnis, wie sie in der Malerei ausgedrückt werden kann, in der Bildhauerei kaum dargestellt werden kann. Je naturalistischer die Bildhauerei wird, desto mehr. Allerdings liebe ich auch die Frauen von Maillol und Renoir, weil sie soviel Liebe ausdrücken.

S. ROMBACH: Ihre vermeintliche Schwäche, von Natur aus flach zu sehen, enthebt Sie ja der Übersetzungsleistung in das Zweidimensionale. Wenn Sie immer schon flach sehen, sehen Sie dann auch im Alltäglichen stets auf einer abstrakteren Ebene?

P. DREHER: Ja. Sie haben das ganz richtig gesagt. Mir kommt das entgegen, für mich ist es eine Erleichterung.

S. ROMBACH: Sie brauchen die Übersetzung nicht mehr zu leisten? Sie sehen unmittelbar Bilder? Würden Sie da auch von angeboren sprechen, oder kann es sein, dass im Laufe des erfahrenden Sehens von Welt auf ein mögliches Bild hin sich diese flache Sichtweise sozusagen eingeschliffen hat?

P. DREHER: Ich glaube, dass es angeboren, insofern ein Glücksfall ist und sich dann natürlich durch die Übung noch verfeinert.

S. ROMBACH: Erlauben Sie eine ganz einfache Frage. Hätten Sie denn Schwierigkeiten, sich gezeichnete geometrische Formen plastisch vorzustellen? Umgekehrt also. Haben Sie ein schwaches räumliches Vorstellungsvermögen? Ich stelle Ihnen diese so banale Frage, um das ‚*Phänomen*' bei Ihnen besser zu verstehen.

P. DREHER: Also erstmal eine Anekdote vorweg. Ein Choreograf hat mir neulich gesagt, dass, wenn er etwas einübt mit seiner Truppe, und zwar mit Laien, merkwürdigerweise bildende Künstler immer wüssten, wo sie auf der Bühne stehen. Nachdem ich das gehört hatte, habe ich mich überprüft und festgestellt, mir geht es auch so. Also ich weiß immer, wo in etwa im Raum ich mich aufhalte. Das war mir nie aufgefallen. Anscheinend gibt es Leute, die ihre Raumstelle nicht automatisch gespeichert haben. Das hat mit räumlichem Bewusstsein zu tun. Und das andere – das ist eine Anekdote aus meiner

Schulzeit. Als Dreizehnjähriger oder Vierzehnjähriger, wenn eine geometrische Aufgabe gestellt wurde, hat mich der Lehrer immer aufgerufen, weil der wusste, ich kann das darstellen. Ich kann das übersetzen in die Fläche, auf der Fläche Körper zeichnen. Und dann, wenn ich den mathematischen Beweis führen sollte, dann stand ich vollkommen verlassen da. Das konnte ich nicht.

S. ROMBACH: Und umgekehrt, wenn die Zweidimensionalität vorgegeben ist, dann hätten Sie kein Problem, das in eine Dreidimensionalität zu übersetzen?

P. DREHER: Nein, das habe ich nicht.

S. ROMBACH: Diesen Schritt können Sie auch leicht tun?

P. DREHER: Ja, weil es sozusagen ein und dasselbe ist. Ob ich jetzt Dreidimensionales in Zweidimensionales übersetze oder umgekehrt, das bleibt sich gleich.

S. ROMBACH So ist also dieses Spiel, diese Übersetzungsarbeit zwischen Zwei- und Dreidimensionalität eine ganz grundlegende, angeborene Begabung bei Ihnen? Das wäre ja noch mehr als unmittelbar flach sehen zu können.

P. DREHER: Ja. Aber ich nehme an, dass das einfach fünf Prozent der Menschheit gegeben ist. Und die werden dann Maler oder Fotograf oder so etwas. Und ich halte es nicht für etwas Außergewöhnliches. Mir war das ja auch nicht bewusst. Ich habe erst mit der Zeit erfahren, dass es so ist.

S. ROMBACH: Ergab sich für Sie eine Berufung oder eine Ihnen gestellte Aufgabe aus dieser Begabung?

P. DREHER: Wir sind ja eigentlich Handwerker. Und zunächst denke ich, geht es unsereinem nur darum, ein Bild zu machen. Und möglicherweise sind die Bilder, die man mit sechzehn malt, die besten, weil man so naiv ist und da reinstolpert. Und was sich danach draufsattelt, das sind die Dinge, die einen zunehmend beschäftigen und nicht mehr loslassen und irgendwie dann auch einen gewissen Einfluss haben. Aber man weiß nicht genau, wie groß dieser Einfluss ist auf das, was man macht. Also wenn ich mir die Veränderungen anschaue, die ich in 30 Jahren Gläsermalen durchlaufen habe, dann kann ich nicht sagen, woher sie kommen. Ich kann nur sagen, dass ich versucht habe, mich offen zu halten. Ob das jetzt Politik oder weiß der Himmel was nicht alles sein mag, was möglicherweise unser Verhältnis zur Welt und – unter anderem – auch zu dem, was man in der Malerei macht, langsam verändert. Obwohl ich mir diese Offenheit nie bewusst angeeignet habe, hat sie mich doch immer begleitet. So unterhalte ich mich auch gerne z. B. mit einem Schreiner, wenn er etwas von seiner Sache versteht.

S. ROMBACH: Sie meinen die Offenheit und das Interesse für neue und anderer Menschen Erfahrungen, sofern sie eine Sache durchdringen.

P. DREHER: Ja.

S. ROMBACH: Die Sichtweisen anderer auch kennen zu lernen?

P. DREHER: Ja.

S. ROMBACH: Wenn sie denn eine spezifische Sichtweise überhaupt entwickelt haben?

P. DREHER: Ja, das ist nicht so häufig.

S. ROMBACH: Aber auch ein Schreiner könnte das?

P. DREHER: Ja. Wenn er eine eigene Welt hat und viel von seiner Sache versteht. Es ist erstaunlich, wenn man hört, wie kompliziert ein guter Stuhl aufgebaut ist!

S. ROMBACH: Gerne würde ich noch einmal auf Ihre These vom Künstler als reiner ‚*Transporteur*' zurückkommen.

P. DREHER: Erlauben Sie mir die Bemerkung, dass das Wort vom Transporteur auf den Propagandamaler gemünzt war. Aber auch der Propagandamaler lebt sich selbst, denn er ist Maler und nicht Propagandist. Grünewald war heimlicher Sympathisant der Reformation. Er malte eine Frau, die ein Kind hat, und einen Mann, der am Kreuz stirbt, und nichts darüber hinaus.

Freiheit und Bedingtheit des Künstlers. Große Zweifel an der Eingebung

S. ROMBACH: Die Rede vom Transporteur erweckt den Eindruck, als würde etwas bereits Vorhandenes von einem Ort an einen anderen gebracht oder besser: von einer Person an andere Personen vermittelt. Auf die Kunst angewandt könnte das heißen, es würde etwas Vorgegebenes aufgenommen und zur Darstellung, zum Ausdruck gebracht. Gerade bei Ihnen lernte ich aber zu sehen, dass das rein Vorgegebene immer im Fluss ist. Dass alles Gegeben-Sein einem Werden unterworfen ist und sich ständig wandelt. Und dass es daher einer großen Bemühung bedarf, um etwas *einfach so* ins Bild zu bringen. Demnach müsste dieses Transporteur-Sein doch immer schon das in unserem Sehen Gewordene und nicht ein schon fertig Vor-Gegebenes transportieren. Von daher scheint es kaum nachvollziehbar, inwiefern der Künstler ein gleichsam neutraler Transporteur sein könnte. Gerät doch gerade der Künstler nicht selten durch die Verwicklung in politische und ökonomische Herrschaftsverhältnisse in einen Zwiespalt zwischen dem Eigenen und dem ihn bestimmenden Fremden.

Dies eingestanden, wäre zu fragen, ob nicht gerade die Einschränkung durch gewisse Machtstrukturen oder mehr noch durch subjektiv-individuelle Geschehnisse, wie die Ereignisse und Bedingtheiten der eigenen Biografie, ob nicht gerade diese Einschränkungen als Reibungsmomente es allererst ermöglichen, das Eigene zu entdecken und dann auch zur Darstellung zu bringen?

Wir hätten dann zwei Möglichkeiten: einmal die fiktive, vermeintliche absolute Freiheit, die es gerade verhindert, das Eigene zu finden und zur Darstellung zu bringen. Und auf der anderen Seite die wesensmäßige Bedingtheit und damit relative Unfreiheit allen künstlerischen Schaffens.

Es stellt sich doch die Frage, ob man diese absolute Freiheit, diese absolute künstlerische Freiheit voraussetzen muss, oder ob das nicht eine Chimäre ist – wofür ich eher votieren würde. In der Auseinandersetzung und Reibung mit der Welt, die den kreativen Prozess geradezu herausfordert, vermag sich das Eigene doch erst gegen das Fremde zu stellen und behaupten, wodurch das Eigene sich allmählich herauskristallisiert.

Die absolute Freiheit kann allerdings auch durch die freien eigenen, individuellen, selbst bestimmten Vorgaben oder Vorhaben begrenzt werden. Zum Beispiel indem Sie sich das Glas immer wieder vorgeben und vornehmen, begrenzen Sie sich ja, schränken Sie sich ein, immer wieder dasselbe zu malen. Sie nehmen sich mit einer eisernen Disziplin dieses konzeptuelle Werk vor.

P. DREHER: Einspruch! Von eiserner Disziplin kann keine Rede sein. Die Verfolgung dieses Projektes ist zunehmend eine beglückende Heimkehr, ein Bauen an Heimat im befriedigenden Bewusstsein, etwas Sinnvolles zu tun.

S. ROMBACH: Zusammenfassend möchte ich Sie fragen, ob Ihre These vom Künstler als Transporteur nicht zumindest dahingehend modifiziert werden sollte, dass man vom Transporteur-Sein des Eigenen sprechen müsste? Denn sofern man als Künstler tätig ist, transportiert man immer auch das Eigene, das man so wenig einfach eins zu eins übersetzen kann, wie die gesellschaftlichen Verhältnisse. Der Künstler drückt sich in seiner Weise aus, das Eigene drückt sich eben in der Art und Weise, wie er sich ausdrückt, aus. Aber auch darin kann man ja begrenzt werden, oder? Auch in der Ausdrucksweise gab es in der Geschichte immer Tabus, die bestimmten Herrschaftsverhältnissen entsprangen.

Sind nicht die Begrenzungen unserer Freiheit, sowohl die eigenen als auch die äußerlichen fremden Bedingtheiten, der Motor für das künstlerische Schaffen?

P. DREHER: Zweifellos.

S. ROMBACH: Könnten Sie dazu aus Ihrer Erfahrung etwas sagen? Ich kann darüber nur nachdenken.

P. DREHER: Ich gebe Ihnen da vollkommen recht. Mir scheint auch der Ausdruck *‚freier Maler‘* und alles, was sich daran knüpft, nicht zutreffend. Das Ungenügen am Zustand der Welt erzeugt Kunst. Am rein genialen Einfall hege ich großen Zweifel.

S. ROMBACH: Damit bewegen Sie sich abermals in einer Nähe zu Husserls Selbstverständnis seiner Philosophie. Wie ich in unserem ersten Gespräch hier in St. Märgen bereits andeutete, verstand Husserl seine Phänomenologie als eine *‚Arbeitsphilosophie‘*, die er in äußerster Disziplin täglich neu errungen hat, sowohl hinsichtlich ihrer Erkenntnisse als auch ihrer Erkenntnismethoden. Im Zusammenhang mit Husserls Selbstbeschreibungen seiner phänomenologischen Forschung erinnere ich mich an ein treffendes Diktum, mit dem er sich der genialen systematisch-philosophischen Übermacht eines Denkers wie Hegel zu erwehren suchte. Es lautet: *„Hegel – der ist ja nur genial!“* Leider kann ich mich für dieses Zitat nicht verbürgen, da ich die Fundstelle nicht wieder gefunden habe. Husserl meinte wohl, Hegel seien die Einsichten genialisch zugefallen und er wäre deswegen der äußersten Anstrengung eines philosophischen Arbeiters enthoben gewesen, was man jedoch eher dem Philosophen F. W. J. Schelling zuschreiben könnte. Ähnlich wie Mozarts Kompositionen von genialen Einfällen, die ihm in bewundernswerter Leichtigkeit zuströmten, leben, während Beethoven sich jeden Takt hat mühsam erarbeiten müssen, so wäre grob gesprochen Hegel (besser: Schelling) vergleichbar Mozart und Husserl vergleichbar Beethoven.

Könnte man Ihre Malerei nicht ebenso als eine ‚*Arbeitsmalerei*' beschreiben, zu der es vor allem der Disziplin und der Kontinuität bedarf.

P. DREHER: Ja, und dieser Satz: „*Der war ja nur genial!*" ist doch selbst ein genialer Ausspruch.

S. ROMBACH: (lacht) Wenn man sagen würde, dieser oder jener sei genial, dann könnten Sie für sich denken: ich aber habe die mir äußerstmögliche Leistung erbracht in meiner Existenz, zwischen Geburt und Tod – vollbracht unter höchster Anstrengung meiner Kräfte. Und ich würde dann gerne ergänzen: Gegen eine solche individuelle Lebensleistung lässt sich eine von großartigen Einfällen gespeiste und mit Leichtigkeit ins Werk gebrachte Genialität nicht wertend aufrechnen. Das sind zwei Formen menschlicher Kreativität, die einen unterschiedlichen Lebensvollzug mit sich bringen und meiner Auffassung nach nicht auf einer Ebene miteinander verglichen werden können. Damit möchte ich aber bitte nicht die Wertschätzung ingeniöser Leistungen schmälern, sondern allein die mühsam Arbeitenden etwas aus dem Schatten der so genannten genialen Meister herausrücken.

P. DREHER: Das ist mir alles sehr geläufig und hat mir auch sehr gut gefallen, beim Denken und beim Lebensvollzug. Ich finde auch, diese Idee, die Künstler manchmal vor sich hertragen, sie seien gänzlich frei und würden nur aus sich, allein aus ihrer Genialität selbst heraus schöpfen, unzutreffend.

Betrachten Sie ein ganz einfaches Phänomen: z. B. in Paris, an einem ganz bestimmten Ort entstanden nach jahrelangem gemeinsamem Arbeiten verschiedener Künstler der Impressionismus und der Kubismus. Die sind weltumspannend in ihren Auswirkungen, aber nirgendwo anders entstehen sie zur gleichen Zeit. Die Pop Art entstand in zwei Stockwerken in New York – Robert Rauschenberg und Jasper Johns. Das kommt nicht von ungefähr. Das kommt daher, dass man arbeitete, gedanklich und praktisch, und die Ergebnisse austauschte. Die so genannte Eingebung aus dem Off ist ein Gedanke, der sich gut dazu eignet, die Leute davon zu überzeugen, dass sie im Kunstwerk einer Sache gegenübertreten, die aus dem Nichts kommt. Das hat etwas Faszinierendes. Das ist aber eher eine Verkaufstechnik.

Ich denke, was einzig zum Ergebnis führen kann, sind Konsequenz, Einschränkung, Disziplin, Selbstkritik, Ausdauer, Offenheit und große Zweifel an der Eingebung.

ANHANG

DANKSAGUNG

Zum Gelingen dieses Buches haben eine Vielzahl von Personen und Institutionen beigetragen. Wir danken den nachfolgend Genannten für wertvolle Hinweise und fachliche Unterstützung:

Prof. Dr. Michael Bachmann, *St. Märgen*
Prof. Peter Dreher, *St. Märgen*
Bernhard Dischler, *Freiburg*
Dr. Ruth Hötzel-Dickel, *Freiburg*
Albert Hog, *St. Märgen*
Klaus Hog, *St. Märgen*
Heinz Krebs, *Freiburg*
Siegfried Rombach M.A.,
Husserl-Archiv an der Universität zu Köln
Familie Dr. Karl Friedrich Samwer, *Heidenheim*
Ursula Schrumpf, *St. Märgen*
Dr. Märgen Stieler, *St. Märgen/Freiburg*
Familie Wirtz
Dr. Margret Zimmermann,
Augustinermuseum Freiburg im Breisgau

Für die freundliche Genehmigung zur Veröffentlichung wertvollen Bildmaterials danken wir:
Prof. Dr. Rudolf Bernet, Direktor des
Husserl-Archiv zu Leuven, Belgien
Prof. Dr. Ulrich Melle, *Husserl-Archiv zu Leuven*
Prof. Dr. Elmar Bund, *Freiburg*
Uwe Emminghaus, *Emmendingen*
Dr. Hermann Heidegger, *Stegen*

Ferner danken wir:
Dr. Margret Böhme, *St. Märgen / Freiburg*
Jenny Dölle-Krebs, *Freiburg*
Förderkreis Lebendiges Dorf, *St. Märgen*
Gemeinde St. Märgen
Familie Hättich, *Hotel Hirschen, St. Märgen*
Judith Harborth, *Freiburg*
Wolf Hockenjos, *Villingen*
Albert Hog, *St. Märgen*
Klaus Hog, *St. Märgen*
Katholische Kirchengemeinde, *St. Märgen*
Kreisarchiv Breisgau-Hochschwarzwald, *Freiburg*
Dr. Rudi Kynast *Staatliches Forstamt, St. Märgen*
Staatliche Kunsthalle, *Karlsruhe*
Galerie Meier, *Freiburg*
Martin Polster, *Klosterapotheke St. Märgen*
Dr. Hans Rainer Sepp,
Center for Theoretical Study, Prag
Dr. Thomas Vongehr, *Husserl-Archiv zu Leuven*

BIBLIOGRAFIE

O. Schwarzwald o. Heimat. Verlust oder Anpassung,
Hermann Dischler Maler und Fotograf
(1866–1935), Augustiner Museum Freiburg | 1992

Badischer Schwarzwaldverein, Monatsblatt Nr. 3
März 1933

Entartete Kunst. Bildersturm vor 25 Jahren.
Ausstellung Haus der Kunst München,
25. Oktober bis 16. Dezember 1962. Redaktion,
Texte, Dokumentation: Jürgen Claus, München:
Ausstellungsleitung München e.V., Haus der Kunst
1962

Ruth Dickel, *Karl Hauptmann 1880–1947,*
Der Feldberg-Maler, Katalog zur Ausstellung in
Feldberg-Altglashütten | 1993

Ruth Dickel, *Karl Hauptmann Monographie und Werkverzeichnis.* Dissertation bei: Professor Hans-Helmut Hofstätter, Albert-Ludwigs-Universität, Freiburg im Breisgau

Prof. Hermann Dischler, *Farbe, Schnee und Kälte – Kleine Plauderei eines alten Feldbergmalers,* Universitätsdruckerei Poppen & Ortmann in Freiburg | 1931

Heinrich Fraenkel, *Unsterblicher Film, Die Großen von der Laterna Magica bis zum Tonfilm,* München, Kindler | 1956

Freiburger Zeitung, *Dischler-Anekdoten*, 26.3.1936

Will Grohmann, *Wassily Kandinsky. Leben und Werk.* Köln, DuMont Schauberg | 1958

Rolf Hetsch, *Ruth Schaumann Buch*, Rembrandt-Verlag Berlin

Hans H. Hofstätter, *Das Schwarzwaldbild* Ausstellungskatalog Augustinermuseum Freiburg 1986

Pfarrer Joseph Hog,
Persönliche Briefe und Aufzeichnungen,
St. Märgen

Ernst Hug, *Schulheft Sankt Märgen,*
St. Märgen 1970

Ernst Hug, *Matthias Faller der Klosterbildhauer von St. Peter und St. Märgen,* St. Märgen | 1990

Husserliana, Edmund Husserl Gesammelte Werke

Husserliana Dokumente Band I, Karl Schuhmann *Husserl-Chronik, Denk- und Lebensweg Edmund Husserls,* Den Haag | 1977

Husserliana Dokumente Band III, *Briefwechsel* Bände I–X, in Verbindung mit Elisabeth Schuhmann herausgegeben von Karl Schuhmann, Dordrecht, Boston, London | 1994

Elisabeth Irtenkauf, *Leben und Werk von Petrus Glunk,* Löffinger Schriftenheft 1, Löffingen | 1996

Kolakowski, Leszek *Die Suche nach der verlorenen Gewissheit: Denkwege mit Edmund Husserl.* Stuttgart, Berlin, Köln, Mainz | 1977

Engelbert Krebs, *Die Klausenchronik, Chronik eines Schwarzwaldhauses,* 1929–1952, Privatarchiv Familie Dr. Karl Friedrich Samwer, Heidenheim

Engelbert Krebs, *Der ruhige Gott – Gedanken über den großen Krieg,* Freiburg | 1917

Walter Mönch, *Weimar. Gesellschaft, Politik, Kultur in der Ersten Deutschen Republik.* Frankfurt u.a., Verlag Peter Lang | 1988

W. Mössinger, *Grötzingen. Das badische Malerdorf.* Ebda., Gemeinde | 1965

Richard Pettit, *Rainer Maria Rilke in und nach Worpswede,* Worpsweder Verlag

Rudolf Ritter, *Gustav Traub 1885–1955, Graphiker und Maler später Romantik,* Geroldsecker Land Heft 29, Lahr | 1987

L. Robberechts, *Edmund Husserl – Eine Einführung in seine Phänomenologie,* Hamburg | 1967

Wilhelm Rühling, Ruth Schaumann *Ländliches Gastgeschenk – Gedichte,* Heidelberg | 1948

Ruth Schaumann, *Die Vorhölle – Gedichte,* Baden-Baden | 1947

Schwarzwaldverein, *Lenzkirch im Schwarzwald* Aufnahme von Rhoto-Handschel in Lenzkirch, Monatsblatt Nr. 5, Mai 1937

Hermann Schwarzweber, *Hermann Dischler, der Schwarzwaldmaler,* Sonderdruck aus *Ekkhart Jahrbuch,* 1937

Hans Rainer Sepp, *Edmund Husserl und die phänomenologische Bewegung – Zeugnisse in Text und Bild,* Freiburg/München | 1988

St. Benno-Verlag, *Mensch unter Menschen – Ein Ruth-Schaumann-Buch,* Leipzig

Familie Stieler, *Chronik und Gästebuch,* St. Märgen, 1929–1931 Band I, 1931–1945 Band II

Martina Stieler, *Erinnerungen an Geheimrat Husserl,* Persönliche Aufzeichnungen, St. Märgen | 1959

Uwe C. Steiner *Edmund Husserl,* München | 1997

St. Märgen, Hochschwarzwald, Festschrift anlässlich der 850-Jahr-Feier, St. Märgen | 1968

Thieme, Becker und Vollmer. *Allgemeines Lexikon der bildenden Künstler von der Antike bis zur Gegenwart.* Berlin, Seemann-Taschenbuchausgabe 1999

Thomas Vollhaber, *Zum 100. Geburtstag von Ruth Schaumann (1899-1975), Das Zeichen – Zeitschrift für Sprache und Kultur Gehörloser* Nr. 48, Hamburg, Juni 1999

Ernst Weber, *Der deutsche Spielmann. Eine Auswahl aus dem Schatz deutscher Dichtung für Jugend und Volk,* Band XV *Winter,* München | 1910

ABBILDUNGSNACHWEIS

Augustinermuseum Freiburg im Breisgau

Privatarchiv Dr. Ruth Hötzel-Dickel, Freiburg i. Brsg.

Privatarchiv Uwe Emminghaus, Emmendingen

Wolf Hockenjos, *Waldpassagen,* Doldverlag
Vöhrenbach, 2000

Privatarchiv Albert Hog, St. Märgen

Privatarchiv Klaus Hog, St. Märgen

Gottfried Keller, „*Sieben Legenden*",
München 1923

Katholische Universität zu Leuven, Husserl-Archiv

Kreisarchiv Breisgau-Hochschwarzwald,
Freiburg i. Brsg.

Engelbert Krebs, *Die Klausenchronik, Chronik eines Schwarzwaldhauses,* 1929–1952, Privatarchiv Familie Dr. Karl Friedrich Samwer, *Heidenheim*

Staatliche Kunsthalle Karlsruhe

Stadtarchiv Lahr

Edith-Stein-Archiv, Köln

Familie Stieler, *Chronik und Gästebuch,* St. Märgen, 1929–1931 Band I, 1931–1945 Band II

Ernst Weber, *Der deutsche Spielmann. Eine Auswahl aus dem Schatz deutscher Dichtung für Jugend und Volk,* Band XV *Winter,* München | 1910

AUTOREN

Siegfried Rombach M.A., geboren 1961, studierte Philosophie, Theologie, Religionsgeschichte und Biologie an den Universitäten Freiburg und Tübingen. Er war wissenschaftlicher Mitarbeiter am Husserl-Archiv der Albert-Ludwigs-Universität Freiburg. Seit 2000 ist er Mitarbeiter am Husserl-Archiv der Universität zu Köln. Seine Forschungsschwerpunkte im Bereich der Phänomenologie Edmund Husserls bilden insbesondere die Themenkreise der phänomenologischen Erkenntnistheorie und Ontologie, die Analyse des Zeitbewusstseins, der Intentionalität sowie der Teleologie. Er ist Mitautor des *Lexikon der Phänomenologie,* hrsg. v. H. Vetter (Wien), Kröner Verlag Stuttgart und hielt im In- und Ausland zahlreiche Vorträge zur Phänomenologie Husserls. Als seine jüngsten Veröffentlichungen dazu sind zu nennen:
Gegenstandskonstitution und Seinsentwurf als Verzeitigung. Über die zeitliche Konstitution der Gegenstandstypen bei Husserl und den zeitlichen Entwurf der Seinsarten bei Heidegger, in: *Husserl-Studies* (Dordrecht, Boston, London) und Einführung in die Zeittheorie Edmund Husserls, in:
Orbis Phaenomeologicus, Zeit als Thema der Phänomenologie, hrsg. v. H. R. Sepp und T. Tani.

Dr. Kerstin Bütow, geboren 1958, lebt als Kunsthistorikerin und freie Autorin in Berlin-Charlottenburg. Sie promovierte über den Maler und Grafiker Adolph Menzel. Zur Berliner Kunst und Kultur des 19. Jahrhunderts erschienen von ihr zahlreiche Einzelveröffentlichungen. Sie ist Mitarbeiterin der wissenschaftlichen Edition der Briefe Adolph Menzels, die von der Stiftung Preußischer Kulturbesitz herausgegeben wird. Sie schrieb Biographien über Edith Stein und Antoine de St. Exupéry und ist Herausgeberin von Anthologien zum Werk von Rainer Maria Rilke, Mahathma Gandhi, Augustinus, Franziskus von Assisi, Janusz Korczak und Khalil Ghibran. Zuletzt erschien von ihr das Nachschlagewerk *Bildungsschatz Bibel. Das Alte Testament.*

VERLAGSPROGRAMM

Im Verlag der DesignConcepts GmbH
sind bisher folgende Titel erschienen:

Design, ein strategisches Werkzeug | 1994

Der Schwarzwälder Fuchs | 1998

Sepp Allgeier,
Fotografien eines Kamerapioniers | 1999

Der Furtwanger Marktplatz
Im Wandel der Zeit | 1999

IMPRESSUM

Verlag der DesignConcepts GmbH, St. Märgen
Wagensteigstraße 8
D 79274 St. Märgen

info@designconcepts.de
www.designconcepts.de

ISBN 3-9807059-3-5
1. Ausgabe 2004

TEXT
Dr. Kerstin Bütow, Berlin
Siegfried Rombach M. A., Kirchzarten/Köln
DesignConcepts

GESAMTLEITUNG UND KONZEPTION
Uli Nocke, Ulrike Claeys, DesignConcepts GmbH

GESTALTUNG
DesignConcepts GmbH, St. Märgen

ST. MÄRGEN *um 1948*

15
17
18
19
20
22
23
24
25
26

1 | *Klosterkirche Maria Himmelfahrt*
Baubeginn 1716 durch Johann Mathies aus Mittelberg/Kleinwalsertal unter Abt Andreas Dilger. Weihe 1725.

| *Gnadenkapelle*
1736 wird der Altar von Matthias Faller geschnitzt. Die Kapelle beherbergt das berühmte romanische Gnadenbild von 1100.

2 | *Friedhof*
1737 wird der Friedhof auf die Nordseite der Kirche verlegt. Grabmal Matthias Fallers.

3 | *Rathaus und Vestibül*
1760/61 wird der Ost- und Nordflügel der Prälatur unter Abt Petrus Glunk von Johann Baptist Häring aus Freiburg errichtet.

4 | *Kapitelsaal*
Stuckarbeiten von Franz A. Vogel um 1765.

5 | *Pfarrhaus*
1739 von Johann Vogel dem bisherigen Konventbau angefügt. 1741 Ausstattung der Abtszimmer durch Wessobrunner Stuckateure. Ab 1806 Pfarrhaus. Seit 1995 Paulinerkloster.

6 | *Haus des Messners*
1813 erwirbt Lorenz Wehrle vom Badischen Staat das Haus. 1921 weilt Edmund Husserl als Gast bei der Besitzerin Balbine Schlegel. Heute Eigentum der Messnerfamilie Hog.

7 | *Stielerhäusle*
1929 von Professor Georg Stieler erbaut. Die Familie war freundschaftlich mit Edmund Husserl und Engelbert Krebs verbunden, die hier des öfteren zu Gast waren.

8 | *Sonnhalde*
1923 als Gästehaus der „Goldene Krone" errichtet. Ab 1932 wurde es von Familie Reiss, 1938 schließlich von Familie Frühauf erworben. In den 40er Jahren verbrachte Ruth Schaumann mit ihrer Familie längere Aufenthalte in der Sonnhalde.

9 | *Kastanienallee zur Ohmenkapelle*
Am Fest Kreuzerhöhung, 14. September 1737, wurden die Kreuzwegstationen zur Ohmenkapelle aufgerichtet, die in den 70er Jahren des 20. Jahrhunderts entwendet werden. Die Reliefs schuf Matthias Faller. Die Kastanienallee wird um 1910 vom Verschönerungsverein angelegt.

10 | *Ohmenkapelle*
1735 erbaut Matthäus Fehrenbach die dem hl. Judas Thaddäus geweihte Kapelle. Stuck von Josef Vogel, Gemälde von Johann Pfunner.

11 | *Haus Eckert, heute Bachmann*
1907 erbaut. Atelier von Karl Biese, später von Roland Litzenburger.

12 | *Ehemaliger Kronenhof*
Ökonomiegebäude des Gasthauses Krone. 1988 Abriss des ortsbildprägenden Gebäudes und Errichtung eines gesichtslosen Neubaus.

13 | *Alte Schule, heute Bank*
Als Schule vermutlich um 1840 erbaut.

14 | *Ehemalige Klosterpforte*
1753 wird die „Einfahrt bey der neyen Porten aufgericht". Abbruch im 19. Jahrhundert.

15 | *Meierhof*
Ehem. landwirtschaftliches Anwesen des Klosters. Nach dem Rückkauf durch Propst Melchior Knoll, der den Hof vom Freiburger „Exil" aus erworben hatte, wird das Anwesen ökonomische Grundlage für das wieder in St. Märgen eingerichtete Kloster.

16 | *Neues Haus, später „Goldene Krone“*
1757/58 unter Abt Petrus Glunk als Klosterherberge erbaut. Klosterschneider Josef Albert geht darin seinem Handwerk nach und führt einen Krämerladen. 1771 zieht der Bildhauer Matthias Faller ein und arbeitet dort bis zu seinem Tod 1791. Nach der Säkularisation wird das Gebäude als Gasthaus genutzt. 1902 lässt Adolf Rombach das Haus zu einem glanzvollen Grandhotel umbauen. 2003 rettet eine Bürgerinitiative das vom Verfall bedrohte Kulturdenkmal.

17 | *Alte Post*
Haus des Uhrenhändlers Fehrenbach, erbaut 1859. Später Postgebäude.

18 | *Haus Schuler*
Schwizerlewirtshaus erbaut 1723. Zeitweilig Gasthaus Kreuz, später Atelier der Künstler Gustav Traub, Amandus Goetzel, heute Peter Dreher und Ursula Schrumpf.

19 | *Klosterschnider*
1761/62 von dem Schneider Josef Albert erbaut. Abriss 1972. Untypischer Neubau.